Universidad del
Rosario

Prueba ilícita y regla de exclusión en materia penal

Prueba ilícita y regla de exclusión en materia penal. Análisis teórico-práctico en derecho comparado

Resumen

Esta obra expone lo relacionado con la prueba ilícita desde un punto de vista teórico, abordando la realidad dentro de la casuística en derecho comparado. Así, en un primer momento busca definir la prueba dentro del proceso penal y diferenciar los conceptos de las diversas pruebas no permitidas durante este, a saber: la prueba ilegal, la prueba irregular, la prueba ilícita y la prueba no valorable –como clasificación del autor– continuación se trata el tema de los derechos de la dignidad humana y de la intimidad, como aquellos que pueden llevar a que se produzca la ilicitud de la prueba si son vulnerados.

Se analizan los antecedentes históricos y el concepto de prueba ilícita desde las perspectivas estadounidense y española. A partir de este estudio de derecho comparado, y trayendo a colación sentencias hito de América y Europa, se revisa brevemente la regla de exclusión y la teoría del árbol envenenado, así como lo relacionado con el tratamiento procesal de la prueba ilícita.

Palabras clave: Prueba penal, procedimiento penal, derecho penal, derecho comparado.

Improper Evidence and Rules for its Exclusion in Criminal Procedure: A Theoretical-Practical Analysis in Comparative Law

Abstract

This work discusses improper evidence from a theoretical point of view, examining the phenomenon based on comparative case law. It seeks to delineate the role of evidence within criminal procedure and to conceptually differentiate various kinds of evidence that are illicit, defining illegally obtained evidence, defective evidence, unlawful evidence, and inadmissible evidence. Subsequently, it addresses the right to human dignity and privacy, which when violated in the gathering of evidence may make that evidence inadmissible.

The concept and history of illicit evidence are examined from the United States and Spanish perspectives. Based on the study of comparative law, and examining key decisions in the United States and Europe, rules for the exclusion of evidence and the fruit-of-the-poisonous-tree doctrine are briefly reviewed, along with the implications of illicit evidence for criminal procedure.

Keywords: Criminal evidence, criminal procedure, criminal law, comparative law.

Citación sugerida

Medina Rico, Ricardo Hernán. *Prueba ilícita y regla de exclusión en materia penal. Análisis teórico-práctico en derecho comparado*. (2017). Bogotá: Editorial Universidad del Rosario.

DOI: doi.org/10.12804/tj9789587388848

Prueba ilícita y regla de exclusión en materia penal

Análisis teórico-práctico en derecho comparado

Ricardo Hernán Medina Rico

A mis papás, a quienes les debo todo lo que soy
y que seré, y por quienes profeso el amor
más puro e intenso que se ha conocido.

A mi hermano, fuente de inspiración
y sosiego en cada momento de mis días.

Agradecimientos

No existe mejor forma para iniciar este libro que dando las más sentidas y sinceras gracias a todos aquellos que colaboraron, inspiraron y corrigieron estas letras. En primer lugar quiero agradecer a mi familia, a mis padres Dora Stella Rico Acosta y Miguel Hernán Medina Vargas, quienes han sido mi mejor ejemplo, quienes con su trabajo, dedicación y en especial con su profundo amor nos han dado a mi hermano y a mí todo lo que hemos pedido, nos han colmado de ternura y nos han corregido cuando por errores de la vida hemos equivocado nuestro andar. Dicen que no existe amor más grande que el de un padre por un hijo, quizás esa premisa puede ser controvertida porque el amor de un hijo por sus padres es inconmensurable, es puro y eterno, y jamás alcanzarán las palabras para expresarse en el tiempo que se nos ha otorgado en este plano físico.

También quiero agradecer a mi hermano Mauricio Alejandro Medina Rico, por quien me he esforzado día a día anhelando ser —a pesar de lo pretencioso— un buen ejemplo para él. Sin lugar a dudas la doctrina jurídico-penal jamás podrá explicar la mezcla perfecta entre coautoría, complicidad, autoría mediata y determinación que hay en cada actuación entre dos hermanos que se aman sinceramente.

A Laura Acosta Zárate, quien es una de las promisoria de las y los jóvenes penalistas de la Universidad del Rosario y de Colombia. Gracias por ser quien me ayudó a elegir el tema de este texto y quien con sus pertinentes consejos y correcciones le dio una buena ruta al desenlace del mismo.

En segundo lugar quiero agradecer a mi Alma Máter. La Universidad del Rosario. Ella me ha acogido como uno de sus hijos predilectos desde antes de ingresar como su alumno. En mi Claustro tuve la oportunidad de hacer los mejores amigos y celebrar con ellos sus triunfos y alegrías. Gracias a la Universidad del Rosario pude conocer a mis profesores y maestros, a los cuales debo agradecer que me hayan forjado el abogado, académico e investigador que soy. Gracias a la fortísima escuela de Derecho Penal, a mis profesores de pregrado, los doctores Carlos Gálvez Argote, Juan Carlos Forero Ramírez y Carlos Guillermo Castro Cuenca. En ese orden tuve la oportunidad cronológica de conocerlos y de aprender de ustedes. Ya con el paso de los años los doctores Francisco Bernate Ochoa, Jaime Lombana Villalba, Raúl Eduardo Sánchez Sánchez, Francisco Sintura Varela, Juanita Ospina Perdomo con su ejemplo y con sus conversaciones lograron ayudarme a comprender la importancia del Derecho Penal como elección de vida. De los mencionados quisiera agradecer muy especialmente a los doctores Juan Carlos Forero Ramírez y Francisco Bernate Ochoa, quienes han sido mis jefes en diversos ámbitos y quienes con su infinita sabiduría, su eterna comprensión y su ejemplo en el diario vivir me han permitido tenerlos como maestros a emular. Ellos me han dado las oportunidades que sólo da un padre a un hijo, espero jamás decepcionarlos. Gracias señor Decano, gracias doctor Bernate, infinitas gracias a los dos.

Al resto de mis profesores que a lo largo de los años he conocido como estudiante, como joven investigador y como secretario académico. Debería nombrar a todos y cada uno de los docentes de la Facultad de Jurisprudencia porque de todos he aprendido y han influido en mis escritos, en mis ideas, en mi manera de dictar clase o en mi forma de ver el mundo, un mundo que siempre puede ser mejor si hacemos el aporte adecuado. Un mundo que si tuviera la oportunidad de conocerlos ya sería lo que muchos soñamos.

A las directivas de la Universidad del Rosario que siempre han confiado en mí también muchas gracias, a los Consejos Directivos del Colegio de Abogados Rosaristas que me han recibido hace varios años y han aceptado mis aportes a tan valiosa institución.

También quisiera agradecer a la Universidad Carlos III de Madrid. Mi segunda casa académica me permitió adelantar un máster donde profundice en los temas procesales y penales que más me interesaban. Gracias a las doctoras Helena Soleto, Anna Fiodorova, Ana Garrocho, Diana Perulero y por supuesto a mi tutora de TFM Raquel López Jiménez. Sin lugar a dudas sus clases, así como las estancias en Madrid y cada charla aportaron de manera significativa en mi trabajo. Muchas gracias.

El agradecimiento a la academia es extensivo a todas las Universidades que me han dado la oportunidad de dictar en sus aulas. Desde el día que entré a un salón de clases como profesor hasta hoy, he logrado corroborar que de la mano del Derecho —del Derecho Penal— y de la educación es que puede darse el cambio social que todos claman. Una buena educación genera una buena sociedad, una buena sociedad tendrá un buen sistema jurídico, un buen sistema jurídico permite un Derecho penal justo, efectivo, que alcance la verdad y permita continuar con una vida en comunidad y en sociedad de calidad.

Por último —no por su poca importancia sino porque siempre he considerado que debe concluirse con lo más relevante— a Dios y a la Virgen María. Su amor infinito y trasegar por la vida de su mano son la mejor compañía tanto en dificultades como en triunfos. Gracias por no abandonarme hasta cuando he renegado de su existencia. Perdón por tan necias palabras y por demostrarme día a día su presencia.

Ricardo Hernán Medina Rico
23 de febrero de 2016

Prólogo

El profesor RICARDO HERNÁN MEDINA RICO me ha honrado con la tarea de prologar su obra titulada *Prueba ilícita y regla de exclusión en materia penal*. Se trata de un trabajo académico serio que nace a la vida jurídica en momentos trascendentales para nuestro país. Se trata de una obra en la que la claridad del discurso no excluye la profundidad. Como la prueba quiere en su sentido prístino, demostrar la verdad de algo, sin duda alguna, esta impecable producción académica es una prueba de las calidades jurídicas de nuestro querido profesor de la Facultad de Jurisprudencia.

La diferenciación entre las pruebas prohibidas, ilegales e ilícitas, es de suma trascendencia, pues realmente es lo que va a permitir que el lector avance con claridad hacia la segunda parte de la obra donde se analiza la teoría de los frutos del árbol envenenado y el alcance de la cláusula de exclusión.

Sin duda alguna llama la atención que un tema tan complejo sea abordado de manera breve y didáctica para el lector. Por ello, el autor nos recuerda a GRACIÁN cuando señalaba que "Lo bueno, si breve, dos veces bueno".

Una vez el autor analiza los orígenes ingleses y norteamericanos de la cláusula de exclusión, nos relata en que casos no existe la contaminación de la prueba, como son: vínculo atenuado, fuente independiente (el autor aclara que realmente no es una excepción pues se están tomando los frutos de otro árbol) y descubrimiento inevitable. Así nos aclara el alcance que el legislador colombiano le dio a la regla de exclusión. Sin embargo, el autor va más allá, pues aclara otros supuestos muy interesantes como la buena fe o la conexión de antijuridicidad con ejemplos prácticos y claros. Posteriormente se refiere, en el caso colombiano, a varios eventos donde se ha discutido la legalidad de la prueba y nos brinda su postura personal en un tema que merece ser debatido a través de escenarios académicos como el que nos brinda Ricardo Medina.

Por las anteriores razones académicas y por muchas más que exceden el marco de este prólogo, como la amistad y el cariño que profeso por mi discípulo; invito a los operadores jurídicos, abogados y estudiantes de Derecho a leer esta amena y profunda obra que el profesor Medina Rico hoy generosamente nos permite prologar.

Juan Carlos Forero Ramírez
Decano
Facultad de Jurisprudencia
Universidad del Rosario

Introducción

En teoría, el fundamento de todo proceso judicial —y extrajudicial— es alcanzar la verdad. En un litigio penal se busca establecer la responsabilidad o inocencia de una o varias personas con respecto a la afectación o puesta en peligro de bienes jurídicos especialmente protegidos por el Estado. Por ello, desde el principio de este texto ha de dejarse sentado que "en sentido general se entiende que probar es demostrar a otro la verdad de algo"[1].

En el transcurrir de un proceso existirán varias versiones de lo ocurrido. Según lo anterior, cada parte o interviniente tendrá la oportunidad de alegar y de sustentar su versión. Lo mencionado entra en flagrante colisión con la realidad humana. No puede (¿no debe?) existir más que una sola verdad. Pueden existir diferentes puntos de vista, distintas formas de ver las cosas pero, en el fondo, solo podría hablarse de una "verdad".

Podría afirmarse que en un proceso judicial se presentan diferentes "verdades parciales". Se colige entonces que no siempre lo pretendido es lo alcanzado durante el proceso. Para poder sustentar la verdad es necesario contar con una serie de soportes y respaldos que serán las pruebas y que buscan brindar el suficiente conocimiento para

---

[1] Cardoso, Jorge. Pruebas judiciales. Bogotá: Editorial Temis, 1979. p. 5.

que el juzgador se forme un criterio objetivo y sólido con respecto a los hechos presentados por las partes.

En consecuencia de lo anterior debe afirmarse que "la única finalidad de la prueba es la convicción judicial, independientemente de la conexidad existente entre los hechos efectivamente acaecidos y aquellos tomados por el juez como fundamento de su decisión"[2].

Así, es menester recalcar que la prueba es el mecanismo adecuado para convencer al juez de una posición y soportar la motivación de dicha decisión. Así, podríamos traer a colación la siguiente definición de *probar:* "aportar al proceso, por los medios y procedimientos aceptados en la ley, los motivos o las razones para llevarle al juez el convencimiento o la certeza sobre los hechos"[3].

Para probar se requieren pruebas[4]. La prueba judicial, entonces, será "todo motivo o razón aportado al proceso por los medios y procedimientos aceptados en la ley, para llevarle al juez el convencimiento o la certeza sobre

---

[2] Urbano, José. Hacia una nueva estructura probatoria del proceso penal. Bogotá: Ediciones Jurídicas Andrés Morales, 2008. p. 27-28.

[3] Devis, Hernando. Compendio de pruebas judiciales. Bogotá: Editorial Temis, 1969, p. 11.

[4] Sobre la etimología de la palabra prueba se encuentra: "Tratando en este artículo de modo especial sobre la prueba judicial, conviene incluir la opinión de Caravantes acerca de su etimología; para unos procede del adverbio probe, que significa honradamente, por considerarse que obra con honradez quien prueba lo que pretende; y otros, de *probandum*, de los verbos recomendar, aprobar, experimentar, patentizar, hacer fe, según varias leyes del Derecho Romano". Cabanellas, Guillermo. Diccionario enciclopédico de derecho usual, tomo VI. Buenos Aires: Editorial Heliasta, 1989, p. 497.

los hechos"[5] o "[e]l conjunto de actividades destinadas a obtener el cercioramiento judicial acerca de los elementos indispensables para la decisión del litigio sometido a proceso"[6].

Habiendo presentado los conceptos de probar en un proceso y de prueba en materia judicial, es necesario estudiarlos a la luz del Derecho Penal, razón por la cual se hace imperativo citar lo expuesto por el profesor Florián, quien señala:

> Se entiende por prueba todo lo que en el proceso puede conducir a la determinación de los elementos necesarios al juicio con el cual aquél termina. "Bajo el nombre de prueba —escribía Romagnosi— entiendo todos los medios productores del conocimiento cierto o probable de alguna cosa"[7].

Varios autores le han dado alcance a la definición de prueba[8]. Por mi parte, considero que la prueba es todo

---

[5] Devis, Compendio de pruebas judiciales, op. cit., p. 11.

[6] Levene, Ricardo. Manual de derecho procesal penal, Buenos Aires: Abeledo Perrot, 1953. p. 335.

[7] Florián, Eugenio. Elementos del derecho procesal penal. Barcelona: Bosch Casa Editorial, 1934. p. 305.

[8] Martínez Rave afirma que "es todo aquello que puede servir de medio de convicción al funcionario para formarse concepto en relación con los hechos ilícitos que se investigan y juzgan, con los autores o partícipes, con la responsabilidad de los mismos, con su personalidad y con los daños y perjuicios ocasionados". Martínez Rave, Gilberto. Procedimiento penal colombiano. Bogotá: Editorial Temis, 2001. p. 481. Moras Mon, por su parte, esgrime que

medio de convicción que, siendo obtenido y practicado bajo los estándares constitucionales y legales vigentes, permite demostrar una teoría del caso y colabora con la construcción de los hechos ocurridos para así poder transmitírselos de mejor manera al juez.

Colofón de lo anterior debe expresarse que las pruebas que sustentan la teoría del caso de cada parte deben tener unos parámetros en su consecución, recolección y producción para que al momento de entrar a ser parte del proceso no generen consecuencias adversas a lo que se quiere probar. El vulnerar esos parámetros debe llevar a que, a pesar de tener la mejor prueba, la prueba fidedigna o la "prueba reina", esta no sea aceptada, sea excluida, no sea incorporada al proceso o no sea valorada por el juzgador.

La disyuntiva que se suscita podría resumirse en dos preguntas, a saber: ¿Debería existir un régimen probatorio laxo acorde con la búsqueda "a toda costa" de la verdad, que brinde prerrogativas investigativas a las partes? o ¿Debe propugnarse por un procedimiento reglado, taxativo e inquebrantable basado en el respeto de las garantías y los derechos de las personas, en el que prime el derecho sobre "los hechos"?

Las cuestiones precitadas son un tanto extremas pero pretenden dejar en evidencia lo que se expone en el presente texto. La verdad pretendida durante el proceso no puede ser "la verdad verdadera" que solo Dios

---

"la prueba es la acreditación de la verdad de cada uno de los aspectos, circunstancias y modalidades que rodean tanto al hecho que se afirma delictivo, como al sujeto a quien se imputa responsabilidad a su respecto". Moras Mon, Jorge. Manual de Derecho Procesal Penal. Buenos Aires: Abeledo Perrot, 1993. p. 214.

como ser omnipresente conoce; este tipo de verdad "real" no puede ser alcanzada por métodos humanos posibles. La verdad que se logra y que se quiere durante un proceso penal es aquella denominada "material", que se funda en los elementos probatorios alcanzados, presentados y valorados en debida forma por el juez. Esa verdad probatoria exige que las partes agoten una serie de requisitos que no pueden ser quebrantados, y cuidar un conglomerado de derechos y garantías de los seres humanos que, salvo con autorización del juez, en ocasiones pueden ser vulnerados por quienes instruyen y quieren ilustrar su teoría del caso.

A partir de lo anterior, este trabajo expone lo relacionado con la prueba ilícita desde un punto de vista teórico, abordando la realidad dentro de la casuística en derecho comparado. Así, en un primer momento se diferenciarán los conceptos de las diversas pruebas prohibidas durante este, a saber: la prueba ilegal, la prueba irregular y la prueba ilícita. A continuación se hablará de los derechos de la dignidad humana a la intimidad, como aquellos que pueden llevar a que se produzca la ilicitud de la prueba si son vulnerados.

Con posterioridad se analizarán los antecedentes históricos y el concepto de prueba ilícita desde las perspectivas estadounidense y española, además de una breve referencia al régimen jurídico alemán e italiano. A partir de este estudio de derecho comparado, y trayendo a colación sentencias hito de estos temas de algunos países de América y Europa, se estudiará brevemente la regla de exclusión y la teoría del árbol envenenado, su parte, el profesor Parra Quijano[11] habla indiscriminadamente de pruebas prohibidas o ilícitas y de pruebas ilegales, mientras que Arenas[12] considera que existen las pruebas prohibidas, separadas de las ilícitas, de las ilegales y de las irregulares. Miranda Estrampés, en cambio, cuando hace la distinción de las causas de ilicitud las divide en pruebas expresamente prohibidas por la ley, pruebas irregulares o defectuosas y pruebas obtenidas o practicadas con violación de derechos fundamentales, generando así un gran género (la ilicitud) con tres grandes grupos. En cambio, el profesor Fidalgo Gallardo aborda la cláusula de exclusión bajo el nombre de "las pruebas ilegales" equiparando entonces la ilicitud con la ilegalidad de la prueba[13].

Por lo anterior, y al no existir una clasificación pacífica en la doctrina, en este libro propongo un gran género que denomino *pruebas no permitidas en el proceso penal*, y la clasificación, con sus respectivos conceptos, de la prueba ilegal, la prueba prohibida, la prueba irregular, la prueba no valorable, diferenciándolas de la prueba ilícita, objeto de este trabajo. Desde una concepción lata, todas estas son pruebas prohibidas —por la ley— y no valorables —por el juez—; la mayoría son practicadas bajo "irregularidades" que pueden desencadenar una ilicitud o una ilegalidad

---

[11] Parra, Jairo. Manual de derecho probatorio. Bogotá: Librería Ediciones del Profesional Ltda., 2014. p. 20-25.

[12] Arenas Salazar, Jorge. Pruebas penales. Bogotá: Ediciones Doctrina y Ley, 1996. p. 595-599.

[13] Fidalgo, Carlos. Las "pruebas ilegales": de la exclusionary rule estadounidense al artículo 11.1 lopj. Madrid: Centro de Estudios Políticos y Constitucionales, 2003.

pero, en virtud de la clasificación que quiere sentarse, estrictamente los cinco tipos de pruebas solo podrán ubicarse bajo el paraguas denominado "pruebas no permitidas en el proceso penal".

1.1. Prueba prohibida

Esta primera clasificación es quizás la que menos puede ser compartida en la doctrina nacional e internacional. Siempre que se hace referencia a la prueba prohibida esta se equipara a la prueba ilícita o se la incluye en el género donde se contempla la prueba ilícita y la prueba ilegal. En Colombia se ha desarrollado el concepto de prueba prohibida como una prueba separada de la prueba ilegal y de la prueba ilícita, y autores como Arenas[14] y Morales[15] la han referenciado. Comparto la tesis de estos autores y por ello traigo también la distinción de la prueba prohibida en sentido estricto, reconociendo que la prueba ilícita también es prohibida en sentido lato.

Ahora bien, debe señalarse que existe la postura de considerar la prueba prohibida no vigente, ya que se contemplaba en el Decreto 2700 de 1970 pero no hay vestigio alguno en la Ley 906 de 2004 ni en la Ley 600 de 2000. No comparto dicha posición y a continuación explicaré porqué.

La prueba prohibida, en sentido estricto, es aquella que a pesar de ser obtenida legalmente, de no controvertir

---

[14] Arenas Salazar. Op. cit., p. 598.

[15] Morales, Gustavo. Prueba penal y apreciación técnico-científica. Bogotá: Grupo Editorial Ibáñez, 2001. p. 171.

el debido proceso ni aparentemente atentar contra garantías constitucionales (aunque como se verá con posterioridad podrá sustentarse cuando se atenta contra la dignidad humana, una garantía constitucional), ha sido excluida por el legislador para ser aportada al proceso.

Podían alegarse razones de orden público, de seguridad jurídica o de prevención de afectaciones al estamento público para que dichas pruebas no se alleguen a una causa penal o de otra jurisdicción. Lo anterior pretende que no se pueda valorar una prueba, a pesar de su obtención y mantenimiento conforme a los estándares legales y constitucionales, porque hacerlo podría tener graves consecuencias para el Estado. Piénsese en una prueba que por ser aceptada y valorada, cause graves desmanes o provoque asonadas y rebeliones en el lugar donde se admita. También, considérese una prueba que atente contra la dignidad de la persona implicada o de terceros, no en su obtención sino en su presentación en juicio, como sería el caso del padre que no quiere que sus hijos se enteren que acude periódicamente a casas de lenocinio, del que tiene una relación homosexual y le es infiel a su esposa o el que sufre de una adicción a la pornografía y gasta los recursos destinados al sostenimiento del hogar en suscripciones a páginas prohibidas, de la esposa que no quisiera que la comunidad se entere de estas situaciones, y los hijos que sufrirán las consecuencias psicológicas de conocer estos hechos, etc.

Sin embargo, no debe pensarse en un adentramiento de la moral en el Derecho. Debe considerarse que el derecho a la intimidad y a la dignidad humana son reconocidos desde todos sus ámbitos, y a pesar de haber conseguido una grabación, una foto o una llamada con orden de autoridad competente y bajo los presupuestos propios de la obtención de la prueba, su presentación podría ser más gravosa tanto para el implicado como para los terceros. También debe recordarse que el orden público y la seguridad nacional operan como baluartes frente a este tipo de prueba.

En Colombia, en legislaciones pasadas existía un ejemplo de esta prueba en materia penal (Código Penal de 1980). Para conocer dicho ejemplo es menester traer a colación lo que el profesor Arenas considera como prueba prohibida:

> Hay casos en que las leyes, por múltiples razones prohíben determinadas pruebas, ya sea para su práctica o para su aducción. Por vía de ejemplo se pueden mencionar las probanzas a que se refiere el artículo 317 del Código Penal. Se establece que es eximente de punibilidad la prueba de la veracidad de las imputaciones. (...) Sin embargo, en ningún caso se admitirá prueba:
>
> a) Sobre la imputación de cualquier hecho punible que hubiere sido objeto de sentencia absolutoria, sobreseimiento definitivo, o cesación de procedimiento, excepto si se tratare de prescripción de la acción.
> b) Sobre la imputación de hechos que se refieran a la vida sexual, conyugal o de familia,

> o al sujeto pasivo de un delito contra la libertad y el pudor sexuales[16].

Cabanellas encuadra bajo la misma óptica la prueba prohibida y la prueba ilegal, ya que al referirse a la prueba ilegal la define como:

> La no admitida por la legislación en cuanto a los hechos, como la investigación de la paternidad, salvo casos excepcionales. La que no se permite en determinadas circunstancias, como la testifical para contratos de elevada cuantía[17].

Como se explicará en el siguiente apartado, la prueba prohibida no puede asimilarse a la prueba ilegal, esto es, la que viola los estándares legales de recolección, obtención, custodia y práctica de la prueba. La prueba prohibida es aquella que el legislador señaló directamente que no puede admitirse, sin importar si se respetaron los derechos y garantías de los sujetos inmersos en ella.

Por último es preciso resaltar que hoy no existen en la legislación colombiana ejemplos de prueba prohibida en sentido estricto. Existen pruebas prohibidas en sentido lato, que serán las pruebas ilícitas. Ahora bien, haciendo una predicción sobre los hechos por los que atraviesa la realidad colombiana en materia de terminación del conflicto armado interno, es posible que en virtud del proceso

---

[16] Arenas Salazar. Op. cit., p. 598-599.

[17] Cabanellas. Op. cit., p. 501.

de paz que se adelanta con el grupo armado ilegal FARC (Fuerzas Armadas Revolucionarias de Colombia) se consagren normas que impidan la presentación de pruebas que puedan atentar contra la paz o contra los acuerdos propuestos por las partes negociadoras.

1.2 Prueba ilegal

Hacer referencia a la prueba ilegal es más pacífico que a la prueba prohibida. Quizás el único autor que contempla una definición diferente es Cabanellas, concepto que ya fue expuesto —y controvertido— en el acápite anterior.

La ilegalidad de la prueba es la consecuencia de haberla obtenido incumpliendo el debido proceso como principio rector del procedimiento judicial. Lo anterior significa que quien violenta los estándares, los requisitos y los presupuestos exigidos por el ordenamiento jurídico para la recolección, la conservación (embalaje y cadena de custodia) y la práctica de la prueba, recibe como reproche decretarla como ilegal y apartarla del conocimiento del juez. En Colombia algunos autores, de manera pacífica, han considerado que la violación al derecho procesal y al derecho probatorio genera la ilegalidad de la prueba[18].

---

[18] Para Morales. Op. cit., p. 168, "[l]a legalidad de la prueba presupone la observancia y efectivo cumplimiento del debido proceso probatorio, el cual comprende de igual manera el aspecto jurídico y también el aspecto técnico-científico. Este último garantiza la eficacia y la autenticidad de la actividad técnica y científica que se cumpla en la recolección, en la práctica o en el aseguramiento de la prueba. De tal manera, pues, que si la prueba se allega quebrantando las mencionadas exigencias, recae sobre ella una severa sanción constitucional, ya que según la norma superior 'es nula, de pleno derecho, la prueba obtenida con violación del debido proceso'". Arenas. Op. cit., p. 597, expresa: "Se entiende

La prueba ilegal tampoco es permitida dentro del proceso penal pero su violación no conlleva consecuencias del mismo calibre que las de la prueba ilícita, de ahí que se le haya dado un tratamiento diferente. Mientras la ilicitud acarrea la exclusión de la prueba y puede desencadenar en la nulidad de todo lo actuado (v. gr. cuando se consigue una confesión a través de una tortura[19]), la consecuencia de la ilegalidad es el rechazo en la audiencia preparatoria por parte del juez. Las partes o intervinientes pueden y deben ponerle de presente al fallador que la prueba que quiere hacerse valer en juicio fue obtenida quebrantando las reglas establecidas por la ley, por lo cual debe ser rechazada, no puede ser tenida en cuenta por el juez ni debe ser valorada en la sentencia.

Otra gran diferencia entre la ilegalidad y la ilicitud de la prueba son las consecuencias o los efectos que una y otra generan con respecto a las pruebas que se derivan de su obtención. Mientras la prueba ilícita implica la ilicitud —en principio— de las demás pruebas obtenidas como base, una prueba ilegal no genera la ilegalidad de las demás pruebas derivadas.

---

por prueba legal la que se obtiene conforme a las leyes que regulan su petición, ordenamiento, producción, obtención, incorporación y aducción. Esta noción de legalidad tiene su opuesta en las ilegalidades, que son las que han violado su régimen regulador legal".

[19] La Sentencia C-591 de 2005 de la Corte Constitucional concluyó que debe declararse la nulidad del proceso si al practicarse pruebas se incurrió en tortura, desaparición forzada o ejecución extrajudicial.

1.3 Prueba irregular

La prueba irregular, al igual que las anteriores, no ha tenido un tratamiento uniforme en la doctrina. Para Rodríguez la prueba irregular es el género donde existirán como especies, entre otras, la prueba ilícita y la prueba ilegal. Al respecto expresa:

> Tratar de la irregularidad de la prueba, no es adentrarse en el tema de su ilegalidad o ilicitud, siendo este un concepto de mayor amplitud. La vulneración de una norma subalterna en las etapas de obtención o práctica de una prueba, constituye una irregularidad, que per se no configura su ilicitud, como no dar lectura al acta de la diligencia probatoria. Por ende, toda ilicitud es una irregularidad, más no toda irregularidad conlleva a una ilicitud[20].

Esta posición debe ser objeto de discusión toda vez que no existe un término correcto para englobar los conceptos de prueba prohibida, prueba ilícita, prueba irregular y prueba ilegal. Como se explicará más adelante, ni siquiera el concepto de "prueba no valorable" podría considerarse como aquel gran género, porque hace parte de una especie propia de prueba no permitida en el proceso penal.

Por ello, desde el principio de este capítulo he considerado las expresiones "prueba no permitida" o "prueba no

---

[20] Rodríguez, Orlando. Prueba ilícita penal. Bogotá: Grupo Editorial Ibáñez, 2004. p. 19.

permitida en el proceso penal" como las más apropiadas. Podría llegar a plantearse "prueba no admisible" como la locución que englobe a todas las pruebas, pero esta se caería por su propio peso ya que existen pruebas que por haber violado las reglas de obtención al momento de ser recolectadas se vuelven ilegales y la parte que incurrió en la ilegalidad decide no presentarlas en el proceso, por lo cual no llegan a la discusión de admisibilidad frente al juez de instancia.

En virtud de la clasificación que se presenta debe expresarse que la prueba irregular es una sub-clasificación de la prueba ilegal. En ambas se quebranta la normatividad existente para su recolección y práctica, pero en la prueba irregular únicamente se hace referencia a la ley procedimental.

Amparando esta tesis, Miranda Estrampés considera que la prueba irregular o defectuosa es:

> Aquélla en cuya obtención se ha infringido la legalidad ordinaria y/o se ha practicado sin las formalidades legalmente establecidas para la obtención y práctica de la prueba, esto es, aquella cuyo desarrollo no se ajusta a las previsiones o al procedimiento previsto en la ley[21].

En consecuencia de lo anterior, podría concluirse que la prueba irregular es un tipo específico de la prueba

---

[21] Miranda, Manuel. El concepto de prueba ilícita y su tratamiento en el proceso penal. México D.F.: Editorial Ubijus, 2013. p. 47.

ilegal. Así, si la prueba ilegal es la que viola la ley, aquella que viola la ley procedimental es irregular y tendrá como consecuencia la nulidad propia de una prueba ilegal.

Lo anterior implica que si la prueba es considerada irregular o ilegal su consecuencia es que el juez debe rechazarla. El rechazo comporta que la prueba no será retirada del proceso pero tampoco será tenida en cuenta en la providencia por el juez.

1.4 Prueba no valorable

La prueba no valorable no figura en las clasificaciones tradicionales de las pruebas no permitidas en el proceso penal. Sin embargo es tratada en este texto por su importancia en la búsqueda de la verdad dentro de la causa criminal. En tal virtud, podría considerarse como prueba no valorable aquella que se practicó respetando todos los estándares de ley, garantizando y amparando los derechos constitucionales y sin prohibición expresa del ordenamiento para su aporte, y resulta ser el medio idóneo para demostrar lo que se quiere. Más precisamente podría llamarse prueba de difícil valoración o de inocua valoración, ya que si bien un juez podría valorarla no lo llevaría a convicción alguna sobre el proceso.

Lo anterior expresa que podrán existir pruebas que no pueden catalogarse como prohibidas ya que la ley expresamente no las ha contemplado de esta forma, que tampoco pueden ser llamadas ilegales pues su obtención, práctica y aducción están conformes a la ley; ni calificarse de ilícitas porque se respetaron todos los derechos fundamentales, pero que su valoración es imposible ya que no buscan demostrar algo dentro del proceso.

A pesar de ello serán pruebas no permitidas en el proceso penal (trayendo nuevamente el género propuesto) ya que no se encuentran encaminadas a demostrar lo que se pretende. Este tipo de pruebas no satisfacen adecuadamente un juicio de conducencia ni pertinencia.

En un sistema de tarifa legal como se le conoce en Colombia o de valoración tasada como es llamado en España, no podría hablarse de esta clasificación ya que la prueba sería *ipso facto* prueba prohibida. Lo anterior, en razón a que la normativa dice expresamente qué prueba es la única que se aporte para demostrar una "verdad".

Ahora bien, como los sistemas que rigen ambas legislaciones son de libre valoración probatoria y estos se conducen por las normas de la sana crítica, no existe un estándar único probatorio ni se exige que se demuestre un algo con determinadas y únicas pruebas. Por el contrario, existe libertad probatoria para llevar al juez a determinado grado de convencimiento más allá de toda duda razonable y así pueda probarse lo querido.

A pesar de lo anterior, aunque se permita la libertad para aportar cualquier tipo de prueba, algunas carecen del poder disuasorio que requiere el juez para fallar. Por ello, al momento de incumplir con la pertinencia, la conducencia y la utilidad de la prueba, estas deben ser inadmitidas por el juez. Como puede notarse, la consecuencia es diferente ya que no se excluyen (como en la prueba ilícita o en la prueba prohibida) ni se rechazan (como en las pruebas ilícitas e irregulares), sino que simplemente se inadmiten ya que no conllevarán ningún grado de convicción y no aportarán a favor ni en contra al juez en su sentencia.

Piénsese en un proceso penal por inasistencia alimentaria, en el cual se pretende sancionar al padre que omite su deber de alimentos con su hijo menor de edad y sobre quien recae la protección constitucional. El ente instructor deberá probar la existencia de esa filiación y, aunque no existe tarifa legal, las pruebas conducentes y pertinentes para esta demostración serán el registro civil de nacimiento, una prueba de ADN o el reconocimiento por parte del denunciado. El testimonio de un vecino, el del menor o incluso el de la madre, a pesar de ser practicados bajo el imperio de la ley no podrán demostrarle al juez ese parentesco, y sin existir esa prueba no podrá atribuírsele al denunciado el delito de omisión propia que consagra el ordenamiento jurídico colombiano.

Este tipo de prueba conlleva a que, por no cumplir con los estándares de conducencia, el juez deba inadmitirla. Empero, si en la Audiencia Preparatoria ha sido admitida, podrá el juez declararla como prueba no valorable y no tenerla en cuenta al momento de fallar. Que se declare la inadmisión de la prueba se traduce en que ésta no viola la ley, pero que no puede ser admitida porque no conlleva verificar ninguna teoría del caso.

1.5 Prueba ilícita

La prueba ilícita es también conocida por algunos tratadistas como prueba inconstitucional. Es aquella que conlleva una violación a derechos o garantías constitucionales. El problema es que los conceptos que se han venido tratando no son uniformes y generan confusiones o tratos similares a instituciones diferentes. Ejemplo de lo anterior es la definición de Morales, quien a pesar de diferenciar la prueba ilícita de la ilegal al momento de conceptuarla plasma la misma idea: "La prueba ilícita, en su connotación de acto jurídico, entraña la violación voluntaria de cualquier precepto legal relacionado con el procedimiento de su recolección, práctica o aseguramiento"[22].

Como puede observarse, el mencionado autor plantea lo mismo para la prueba ilícita que para la prueba ilegal, y la diferenciación la hace a través del ejemplo[23] con el que define la prueba ilegal. Por lo anterior es que debe tenerse clara la distinción entre la prueba ilegal y la prueba ilícita. La importancia de diferenciarlas la esgrime Arenas, pero en su afirmación tampoco hace una clara distinción entre ambas figuras procesales y probatorias[24]. Además, se vuelve tautológico afirmando que será ilícita aquella cuya petición, ordenamiento, producción, obtención, incorporación o aducción se ha hecho de manera ilícita. Lo que

---

[22] Morales. Op. cit., p. 170.

[23] El ejemplo es el siguiente: "Por ello, el funcionario judicial que obtiene una 'confesión' mediante el empleo de la tortura física o moral, voluntariamente quebranta los derechos humanos y la autonomía personal del inculpado, e impide, con su acción, que esa confesión sea —en verdad— consciente y libre, tal como lo prevé el mandato legal". Ibid.

[24] Arenas Salazar. Op. cit., p. 597: "No debe confundirse la noción de ilegalidad de la prueba con la de ilicitud. Esta se caracteriza porque su petición, ordenamiento, producción, obtención, incorporación y aducción se ha hecho en forma ilícita o mediante conductas ilícitas. Así, la confesión que se obtiene mediante tortura será prueba ilícita".

es menester aclarar es que la ilicitud nace cuando se irrespetan derechos fundamentales.

Por lo anterior quizás es mejor la diferenciación de los efectos que hace el profesor Miranda Estrampés, quien señala:

> La doctrina jurisprudencial de la Sala 2ª T.S. viene distinguiendo dos planos distintos: el de la licitud constitucional y el de la legalidad ordinaria. Desde esta perspectiva, la jurisprudencia considera que la vulneración de un derecho fundamental en el momento de la obtención de la prueba implica una vulneración constitucional reconducible al ámbito del artículo 11.1 L.O.P.J., por lo que la prueba debe calificarse de ilícita. Por el contrario, el incumplimiento de las exigencias procesales o legales previstas en la LECrim ha de valorarse conforme a las reglas que regulan la eficacia, por lo que las irregularidades realizadas durante la práctica de la prueba deben reconducirse al ámbito del régimen de nulidades procesales previsto en los artículos 238 y ss. L.O.P.J., sin que ello impida la prueba de los hechos de que se trate por otros medios probatorios, con independencia de que los mismos pudieran tener relación indirecta con la prueba irregularmente practicada[25].

---

[25] MIRANDA. Op. cit., p. 73-74.

En consecuencia, podría concluirse que la prueba ilícita vulnera derechos fundamentales, por lo cual entra en contradicción con la Constitución y genera su exclusión del proceso (y en ocasiones la nulidad de todo el proceso, por ejemplo, cuando fue conseguida a través de delitos de lesa humanidad según la jurisprudencia colombiana), mientras que la prueba ilegal vulnera la ley ordinaria, lo cual genera su rechazo en la ley colombiana o su nulidad en la norma española.

Las consecuencias en ambas pruebas son distintas. Toda prueba derivada de prueba ilícita debe también ser excluida por estar permeada de ilicitud. Las pruebas derivadas de la prueba ilegal pueden ser consideradas legales. También debe señalarse que la prueba ilícita es nula de pleno derecho y no debe ser incorporada en ningún momento al proceso, mientras que la prueba ilegal podría llegar a sanear su nulidad si no fue rogado su rechazo y podría ser tenida en cuenta al momento de la sentencia.

Se sintetiza lo mencionado en que el juez al encontrarse en presencia de una prueba ilícita debe excluirla del proceso. La exclusión implica entonces que se deba retirar la prueba del proceso en su totalidad por quebrantar preceptos fundamentales y hasta degradar en la nulidad total del proceso.

2. La prueba ilícita y el derecho transgredido

Habiendo definido la prueba ilícita y diferenciada del resto de pruebas que no son permitidas en el transcurrir de un proceso penal, es menester revisarla según el derecho fundamental que transgrede, esto es, verla desde la óptica de la vulneración a la dignidad humana (a pesar de que en algunas legislaciones no se considere derecho fundamental) y al derecho a la intimidad.

2.1. La dignidad humana

La dignidad humana es quizás uno de los derechos fundamentales más importantes de toda persona. En Colombia no está consagrado en la Constitución Política de manera expresa pero se ha reconocido por vía jurisprudencial. La Constitución española tampoco lo contempla como derecho fundamental pero reconoce su importancia amparándolo en el artículo 10.1[26]. De igual forma, en Colombia el Código Penal (Ley 599 de 2000[27]) y el Código de Procedimiento

---

[26] Artículo 10 1. La dignidad de la persona, los derechos inviolables que le son inherentes, el libre desarrollo de la personalidad, el respeto a la ley y a los derechos de los demás son fundamento del orden político y de la paz social.

[27] Ley 599 de 2000. Artículo 1. Dignidad Humana. El derecho penal tendrá como fundamento el respeto a la dignidad humana.

Penal (Ley 906 de 2004[28]) contemplan en sus respectivos primeros artículos este derecho fundamental.

Como puede notarse, constitucional, legal y supranacionalmente se propugna por su respeto y protección, pero cabe preguntarse: ¿Qué es la dignidad humana?, ¿cómo podría definirse?

Quizás la definición más propia es la acuñada por Habermas, quien afirma que "la dignidad humana (...) constituye la 'fuente' moral de la que todos los derechos fundamentales derivan su sustento"[29]. Ahora bien, es pertinente traer a colación a Immanuel Kant, quien fue el precursor del estudio de la dignidad humana. Para Kant:

> En el reino de los fines todo tiene o bien un precio o bien una dignidad. Lo que tiene precio puede ser reemplazado por alguna otra cosa equivalente; por el contrario, lo que se eleva sobre todo precio y no admite ningún equivalente tiene una dignidad[30].

De acuerdo con los postulados derivados de las ideas de Kant puede concluirse que debe valorarse y tratarse a la persona por lo que es, y no utilizarla como vehículo para alcanzar algo. Por el simple hecho de ser una persona, de

---

[28] Ley 906 de 2004. Artículo 1. Dignidad Humana. Los intervinientes en el proceso penal serán tratados con el respeto debido a la dignidad humana.

[29] HABERMAS, Jurgen. El concepto de dignidad humana y la utopía realista de los derechos humanos. En: Diánoia, 2010. vol. LV, n° 64, p. 6.

[30] KANT, Inmanuel. Fundamentación de la metafísica de las costumbres. Madrid: Santillana, 1996. p. 56.

considerarse ser humano, posee una dignidad intrínseca que prima sobre todas las cosas.

Desde la Declaración Universal de los Derechos Humanos este concepto comenzó a estipularse por escrito en los textos jurídicos supranacionales. Así, el preámbulo[31] de la mencionada Declaración contiene dos referencias a la dignidad humana y en el artículo primero[32] la establece como principio de igualdad entre los seres humanos. Con el mismo sentido se recoge en el preámbulo[33] del Pacto Internacional de Derechos Civiles y Políticos de 1966.

En el ámbito nacional, la sentencia T-926/99 de la Corte Constitucional señala así la importancia de la dignidad humana:

---

[31] "Considerando que la libertad, la justicia y la paz en el mundo tienen por base el reconocimiento de la dignidad intrínseca y de los derechos iguales e inalienables de todos los miembros de la familia humana; (...)

Considerando que los pueblos de las Naciones Unidas han reafirmado en la Carta su fe en los derechos fundamentales del hombre, en la dignidad y el valor de la persona humana y en la igualdad de derechos de hombres y mujeres, y se han declarado resueltos a promover el progreso social y a elevar el nivel de vida dentro de un concepto más amplio de la libertad". [En línea], Disponible en internet: <http://www.un.org/es/documents/udhr/>.

[32] "Todos los seres humanos nacen libres e iguales en dignidad y derechos y, dotados como están de razón y conciencia, deben comportarse fraternalmente los unos con los otros". [En línea], Disponible en internet: <http://www.un.org/es/documents/udhr/>.

[33] "Considerando que, conforme a los principios enunciados en la Carta de las Naciones Unidas, la libertad, la justicia y la paz en el mundo tienen por base el reconocimiento de la dignidad inherente a todos los miembros de la familia humana y de sus derechos iguales e inalienables. Reconociendo que estos derechos se derivan de la dignidad inherente a la persona humana". [En línea], Disponible en internet: <http://www.ohchr.org/SP/ProfessionalInterest/Pages/CCPR.aspx>.

> El concepto de dignidad humana no constituye hoy, en el sistema colombiano, un recurso literario u oratorio, ni un adorno para la exposición jurídica, sino un principio constitucional, elevado al nivel de fundamental del Estado y base del ordenamiento y de la actividad de las autoridades públicas[34].

Ejemplo de pruebas que se tornan ilícitas por afectar el derecho a la dignidad humana son: la confesión obtenida mediante torturas infligidas por agentes del Estado o la respuesta a preguntas incriminatorias luego de suministrarle al sujeto alguna sustancia alucinógena, una droga o medicamento sin su conocimiento. En ambos casos se estaría frente a pruebas ilícitas por atentar contra la dignidad humana.

2.2 El derecho a la intimidad

El derecho a la intimidad es la expectativa que tienen los seres humanos de realizar acciones y omisiones sin que nadie sepa de estas[35]. De poder tener una serie de "secretos" o cuestiones personalísimas que la comunidad y la sociedad no tienen derecho a conocer. Es la protección de

---

[34] Corte Constitucional. Sentencia T-926 de 1999. Magistrado Ponente: Carlos Gaviria Díaz.

[35] El derecho a la intimidad para Cabanellas. Op. cit., p. 102: "no se trata de la potestad más o menos ilimitada de intimar o relacionarse con los demás, resultado casual de las circunstancias de la vida unas veces y logro de un propósito en otras; como en las más de las relaciones amorosas, sean legales o ilícitas. No constituye un derecho a intimar con los otros; sino más bien a que los demás no intimen con uno, cuando no se desea".

la vida privada, del fuero personal, sobre el conocimiento generalizado.

La intimidad, a diferencia de la dignidad humana, sí puede encontrar limitaciones y puede ser quebrantada por el Estado, después de un debido análisis hecho por una autoridad. Es por ello que una llamada telefónica puede ser interceptada o puede infiltrarse una banda, siempre y cuando se haya solicitado autorización a un tercero imparcial —en Colombia un juez de control de garantías— quien luego de una ponderación y un test de proporcionalidad decide si puede permitirse el quebranto al derecho a la intimidad.

La consagración legal del derecho a la intimidad y de las excepciones a su protección se encuentra en el artículo 14 de la Ley 906 de 2004 o Código de Procedimiento Penal.

> Artículo 14. Intimidad. Toda persona tiene derecho al respeto de su intimidad. Nadie podrá ser molestado en su vida privada.
>
> No podrán hacerse registros, allanamientos ni incautaciones en domicilio, residencia, o lugar de trabajo, sino en virtud de orden escrita del Fiscal General de la Nación o su delegado, con arreglo de las formalidades y motivos previamente definidos en este código. Se entienden excluidas las situaciones de flagrancia y demás contempladas por la ley.
>
> De la misma manera deberá procederse cuando resulte necesaria la búsqueda selectiva

> en las bases de datos computarizadas, mecánicas o de cualquier otra índole, que no sean de libre acceso, o cuando fuere necesario interceptar comunicaciones.
>
> En estos casos, dentro de las treinta y seis (36) horas siguientes deberá adelantarse la respectiva audiencia ante el juez de control de garantías, con el fin de determinar la legalidad formal y material de la actuación.

Ejemplos de pruebas que deriven en ilícitas por violación al derecho a la intimidad son los registros o allanamientos a domicilios o la interceptación de llamadas o de correos electrónicos sin que medie, en primer lugar, solicitud del ente investigador; en segundo lugar, un control previo de constitucionalidad realizado por un juez como tercero imparcial; y en tercer lugar, autorización por parte de autoridad competente para vulnerar la intimidad, resaltando que después de obtenida la prueba debe realizarse un control posterior.

3. La regla de exclusión: antecedentes históricos y evolución en legislaciones comparadas

La regla de exclusión[36] o cláusula de exclusión es para algunos un "término acuñado por la jurisprudencia norteamericana"[37], que se aplicó en el ordenamiento jurídico en mención cuando se vulneraban derechos y garantías procesales reconocidas por la Constitución de los Estados Unidos de América en sus Enmiendas IV, V, VI y XIV.

De manera amplia, la regla de exclusión hace referencia al proceso de apartar una prueba del conocimiento del juez, ya sea por su inadmisión, su rechazo o su exclusión en sentido estricto.

---

[36] Para FIDALGO. Op. cit., p. 49: "la regla de exclusión (*exclusionary rule*), elaborada por la Corte Suprema de los Estados Unidos de América, es aquella regla jurisprudencial según la cual los materiales probatorios (*evidence*) obtenidos por las fuerzas del orden público mediante acciones de investigación criminal que vulneren los derechos procesales constitucionales reconocidos por las Enmiendas Cuarta, Quinta, Sexta o Decimocuarta de la Constitución Federal, no podrán aportarse ni ser valorados por el Juzgador en la fase decisoria de los procesos penales federales o estatales, a los efectos de la determinación o prueba (*proof*) de la culpabilidad o inocencia del acusado cuyos derechos fueron violados".

[37] LIZCANO. Op. cit., p. 13.

En este apartado se explica la regla de exclusión desde la perspectiva estricta. La inadmisión de la prueba no versa sobre la ilegalidad o la ilicitud, ya que esta pudo haberse obtenido respetando derechos fundamentales y el ordenamiento jurídico positivo, sino porque el juez no la considera necesaria para el proceso. Ejemplo de lo anterior es cuando el juez inadmite un testigo porque con otro testigo u otro medio probatorio va a probarse exactamente lo mismo. Podría afirmarse que la inadmisión atiende los principios de necesidad, utilidad, conducencia y pertinencia de cada elemento material probatorio.

Por su parte, el rechazo de la prueba se surte cuando se está en presencia de una prueba ilegal. De esta manera, si se ha violentado la normativa de recolección, esto es el debido proceso probatorio, el juez debe rechazar la práctica de esa prueba.

La exclusión es la consecuencia jurídica que recae sobre la prueba obtenida violentando derechos fundamentales, esto es, una prueba inconstitucional e ilícita. Considera Parra Quijano, trayendo a colación a la Corte Constitucional que:

> La regla general de exclusión, además de disuadir a los investigadores de caer en la tentación de violar el debido proceso, cumple diversas funciones, como garantizar la integridad de la administración de justicia, la realización de la justicia en el caso concreto, el ejercicio del derecho de defensa, el respeto al Estado de derecho y el goce efectivo de los derechos constitucionales fundamentales,

> y por tanto, las irregularidades menores o los errores inofensivos que no tienen el potencial de sacrificar estos principios y derechos constitucionales no han de provocar la exclusión de las pruebas[38].

A continuación se estudiará la construcción del concepto de la cláusula de exclusión.

3.1. Estados Unidos

A pesar de que la inmensa mayoría de la doctrina sitúa el origen de la regla de exclusión en los Estados Unidos, autores como Fidalgo Gallardo[39] y Neyra Flores[40] afirman que surgió con las sentencias *Wilkes vs. Wood* de 1763 y *Entick vs. Carrington* de 1765, ambas providencias inglesas.

En la sentencia *Wilkes vs. Wood* se estudia la responsabilidad de Wilkes, miembro del parlamento inglés, por la publicación de un panfleto que criticaba a la monarquía reinante en Inglaterra, hecho por el que fue arrestado en virtud de una autorización de carácter general[41]. En dicha sentencia se analizó si con estas autorizaciones generales se vulneraba la intimidad del sospechoso, y se concluyó que en efecto no podían permitirse; que para allanamientos, registros, arrestos, etc., deberá existir una inferencia razonable y

---

[38] Parra. Op. cit., p. 803.

[39] Fidalgo. Op. cit., p. 90.

[40] Neyra. Op. cit., p. 658-659.

[41] Disponible en internet: <http://lawweb.usc.edu/users/dklerman/secure/documents/wilkesvwoodlofft1.doc>

justificada que las motive; y que en tal acto deben limitarse las actuaciones de las autoridades.

El caso *Entick vs. Carrington*[42] tuvo hechos similares a los narrados en el de John Wilkes, aunque en este sí se actuó conforme a lo estipulado en la sentencia proferida dos años antes. El problema fue que se recolectaron documentos de carácter privado que contenían información donde Entick se autoincriminaba. La sentencia amparó el derecho a la intimidad, reconociendo que no puede existir una prerrogativa para legalizar "autoincriminaciones forzadas".

En los años 1800 se produjeron dos grandes sentencias hito en la materia: la relativa al caso *Boyd vs. Estados Unidos*[43], del año 1886, y la correspondiente al caso *Bram vs. Estados Unidos*[44], de 1897. En la primera se concluyó que no puede forzarse a una persona a entregar documentación que será usada en su contra (lo cual vulneraba la IV y la V Enmienda referentes a la protección a pesquisas y aprehensiones arbitrarias y al debido proceso con garantías, respectivamente); en la segunda se decidió excluir —y por ende no darle valor probatorio— a las confesiones que no se dieron de manera voluntaria.

Con posterioridad, año 1914, se dio una de las sentencias de mayor estudio en la materia. Con ocasión del caso

---

[42] Disponible en internet: <http://www.constitution.org/trials/entick/entick_v_carrington.htm>

[43] Disponible en internet: <https://supreme.justia.com/cases/federal/us/116/616/case.html>

[44] Disponible en internet: <https://supreme.justia.com/cases/federal/us/168/532/case.html>

Weeks vs. Estados Unidos[45] la Corte Suprema de los Estados Unidos consagró de manera expresa la regla de exclusión. Para entender los hechos es menester trasladarse a la denominada "prohibición" de licores, cigarrillos y juegos de azar. Estos últimos —los juegos de azar— eran prohibidos en el estado 24 de Misuri, y se sospechaba que el señor Fremont Weeks utilizaba el correo para comercializar, transportar y entregar billetes de lotería. Para corroborar dicha sospecha, los agentes decidieron ingresar sin autorización ni permiso en la residencia de Weeks en dos ocasiones (la primera ellos solos y la segunda en compañía de un oficial de los Estados Unidos) a recolectar evidencias (documentos, pertenencias de Weeks, etc.).

Lo anterior, concluyó la Corte Suprema de los Estados Unidos, entra en colisión con lo contemplado en la IV Enmienda que protege a los ciudadanos de allanamientos, registros y demás intrusiones ilegales. En palabras del Tribunal Norteamericano, "La Constitución exige explícitamente la exclusión de los materiales probatorios obtenidos en violación de los derechos procesales constitucionales, independientemente de las eventuales sanciones (…) que se impongan al responsable de esa violación"[46].

Como consecuencia de lo normativamente contemplado, toda la evidencia conseguida sería excluida y no se tendría en cuenta en los procesos estatales. Lo mencionado generó un problema, ya que existía la regla de exclusión

---

[45] Disponible en internet: <https://supreme.justia.com/cases/federal/us/232/383/case.html>

[46] Traducción del apartado de la sentencia tomado de Neyra. Op. cit., p. 661.

en casos estatales pero eran "evidencia permitida" en las causas federales.

Con posterioridad a la trascendental sentencia en comento se produjeron otras providencias que continuaron aportando el sustento jurisprudencial a la regla de exclusión. En *Olmstead vs. Estados Unidos*[47], de 1928, se explica que en materia probatoria cuando se llevan a cabo intervenciones telefónicas sin orden judicial, toda la evidencia recolectada debe ser excluida por vulneración de la intimidad. Esta sentencia tuvo un análisis posterior en *Katz vs. Estados Unidos*[48], de 1967, donde se establecieron los principios básicos de la expectativa razonable de intimidad para analizar licitud e ilicitud de intervenciones a llamadas.

En *Elkins vs. Estados Unidos*[49] (1960), con desarrollo más profundo de la sentencia *Mapp vs. Ohio*[50] (1961), se declara la exclusión de toda evidencia en procesos federales, logrando así que tanto en el Tribunal estatal como en todos los estados sea de obligatoria usanza la exclusión de pruebas ilícitas. Ya en 1964, en la sentencia *Escobedo vs. Illinois*[51], la Corte Suprema de Justicia había revocado

---

[47] Disponible en internet: <https://supreme.justia.com/cases/federal/us/277/438/case.html>

[48] Disponible en internet: <https://supreme.justia.com/cases/federal/us/389/347/case.html>

[49] Disponible en internet: <https://supreme.justia.com/cases/federal/us/364/206/case.html>

[50] Disponible en internet: <https://supreme.justia.com/cases/federal/us/367/643/case.html>

[51] Disponible en internet: <https://supreme.justia.com/cases/federal/us/378/478/case.html>

una sentencia construida sobre un interrogatorio hecho al implicado sin que se le hubiera reconocido el derecho a no incriminarse y a estar asistido por un abogado defensor.

3.2. Alemania e Italia

En el sistema continental europeo la consagración de la cláusula de exclusión se da de manera constitucional en algunos casos y jurisprudencial en otros. En Italia, la primera incorporación de dicha regla se da en la sentencia del Tribunal Constitucional n.° 34 de 1973, donde se declara la exclusión de unas llamadas telefónicas que servían como prueba por haber sido obtenidas violando garantías constitucionales, en especial las contenidas en el "artículo 13.3 de la Constitución de la República Italiana, que sanciona la violencia sobre el investigado"[52].

Para los alemanes, quien habló por primera vez de las prohibiciones probatorias fue Beling, quien las caracterizó como los "límites en la averiguación de la verdad en el proceso penal y divide las reglas aplicables a ella en dos partes: i) de forma negativa, limitando la obtención de pruebas por razones diferentes al aseguramiento de la verdad, y ii) de forma positiva por proteger intereses extra procesales"[53].

Ahora bien, es la sentencia del Tribunal Supremo Federal (BGH, por sus siglas en alemán) del 21 de enero de 1958, la que considera la figura en estudio. En la mencionada sentencia se prohíbe utilizar, usar, contemplar y tener en cuenta cualquier tipo de elemento probatorio

---

[52] Neyra. Op. cit., p. 669.

[53] Neyra. Op. cit., p. 670.

que se haya obtenido o causado violentando derechos del acusado.

Por su parte, Roxin afirma que las prohibiciones probatorias se analizan desde las prohibiciones de producción de la prueba y las prohibiciones de valoración de la prueba. En el primer grupo se encuentran los hechos que no pueden ser objeto de la práctica de la prueba (prohibición en temas probatorios), medios de prueba que no pueden ser empleados (prohibición de medios probatorios), producción en la que no puede hacerse uso de algunos métodos (prohibiciones de métodos probatorios) y realización u obtención de pruebas sólo por determinadas personas (prohibiciones probatorias relativas)[54].

En cuanto al ordenamiento jurídico italiano, el concepto que se ha utilizado para sancionar procesalmente (*sanzione processiale*) la obtención o consecución de una prueba ilícita es el de la *inutilizzabilitá*. Su consagración positiva se prevé en el artículo 191[55] del Código Procesal Penal de 1988.

La *inutilizzabilitá* se percibe desde dos momentos procesales, por un lado prohibir la admisión del medio de prueba (si ésta es ilícita) y la prohibición de su valoración o apreciación (de la prueba ilícita) por parte del juez de conocimiento[56].

---

[54] Roxin, Claus. Derecho Procesal Penal. Buenos Aires: Editores del Puerto, 2000. p. 190-191.

[55] "Prove illegitimamente acquisite: 1. Le prove acquisite in violazione dei divieti stabiliti dalla legge non possono essere utilizzate. 2. L'inutilizzabilitá é rilevabile anche di uffico in ogni stato e grado del procedimento".

[56] Miranda. Op. cit., p. 165 y 166.

3.3. España

En España, por su parte, la primera sentencia que trató los temas atinentes a la prueba ilícita fue la STC 114/1984, del 29 de noviembre. En ella se estudió la licitud de una grabación a una llamada telefónica que sirvió de sustento para despedir a un empleado, y se consideró que no existía justificación para la vulneración a los derechos fundamentales y no debía permitirse las violaciones a las garantías tanto del proceso como de las partes. El solicitante del amparo argumentó que las resoluciones que declararon el despido vulneraron sus derechos fundamentales al secreto de las comunicaciones (art. 18.3 CE) y al derecho a un proceso con todas las garantías (art. 24.2 CE).

Respecto al derecho a tener un proceso con todas las garantías, se argumentó que el magistrado de Trabajo para declarar el despido solo tuvo en cuenta la prueba fonográfica obtenida de manera ilegal. Y en cuanto a la vulneración al secreto de las comunicaciones, se señaló que la grabación fonográfica se realizó sin el conocimiento ni el consentimiento del implicado, vulnerando el artículo 18 que garantiza que entre remitentes y destinatarios de las comunicaciones no puede interponerse un tercero sin autorización de los interlocutores, lo que la califica de ilegítimamente obtenida.

Con ello, la sentencia en mención contribuyó en la elaboración del artículo 11.1 de la Ley Orgánica del Poder Judicial que se sancionaría un año después, y que incluyó en el ordenamiento jurídico español la regla de exclusión al regular de manera expresa la prueba ilícita, su consecuencia y la teoría del árbol envenenado o del fruto del árbol ponzoñoso que se estudiará en el apartado siguiente.

4. La teoría del árbol envenenado. Excepciones a la regla de exclusión

Cuando se habla de la teoría del árbol envenenado o de la teoría del fruto del árbol ponzoñoso se trae a colación la sentencia *Nardone vs. Estados Unidos*[57], que data de 1939. En ella se afirma no solo que debe excluirse la prueba obtenida de manera ilícita sino que esta permea de ilicitud las pruebas de ella derivadas. Tal teoría se construye haciendo un símil con un árbol envenenado cuyos frutos también contendrán el veneno o serán ponzoñosos.

Ahora bien, existirán supuestos donde la prueba derivada de la ilícita no se permee de ilicitud. Es el caso de aquellas pruebas sobre las que pesa el vínculo atenuado, la fuente independiente (ambas tratadas en la sentencia *Nardone* ya mencionada), el descubrimiento inevitable (que se esbozó en la sentencia *Nix vs. Williams*[58], de 1984), la buena fe y otras excepciones que no han sido recogidas ni en la legislación ni en la jurisprudencia colombiana.

---

[57] Disponible en internet: <https://supreme.justia.com/cases/federal/us/308/338/case.html>

[58] Disponible en internet: <https://supreme.justia.com/cases/federal/us/467/431/case.html>

A continuación se examinarán las tres figuras consagradas en el ordenamiento jurídico colombiano[59] analizando sus albores en la jurisprudencia norteamericana y española así como otras excepciones contempladas en sistemas legales extranjeros que no han sido desarrollados en la República de Colombia pero que podrían tener cabida dentro del marco normativo vigente.

4.1. Vínculo atenuado

Lizcano Bejarano define de manera clara y sucinta esta excepción a la regla de exclusión, y afirma que "acorde con esta teoría, si el vínculo entre la prueba ilícita y su derivada se encuentra muy disminuido, la irregularidad de la una no alcanza a contaminar a la otra"[60].

Aunque fue tratada en la sentencia *Nardone*, quizás la más representativa de esta teoría es la sentencia *Wong Sun vs. Estados Unidos*[61] (1963). En ese caso los agentes antinarcóticos ingresaron a la lavandería de Toy y lo capturaron sin orden judicial. Toy les indicó que fue Jonny quien le vendió los narcóticos. Los agentes van donde Jonny, le encuentran drogas, pero este les dice que Wong Sun es quien le da la sustancia alucinógena. Producto de la primigenia irregularidad Wong Sun es capturado pero obtiene la libertad bajo

---

[59] En la Ley 906 de 2004, el artículo 455 señala: "Nulidad derivada de la prueba ilícita. Para los efectos del artículo 23 se deben considerar, al respecto, los siguientes criterios: el vínculo atenuado, la fuente independiente, el descubrimiento inevitable y los demás que establezca la ley".

[60] Lizcano. Op. cit., p. 97.

[61] Disponible en internet: <https://supreme.justia.com/cases/federal/us/371/471/case.html>

fianza y días después decide presentarse ante las autoridades y confesar los hechos delictivos.

Si bien la prueba inicial está inmersa en el mundo de la ilicitud, la confesión de Wong Sun fue libre y, al existir un vínculo tan tenue entre esta y lo ocurrido en el primer evento, debe tenerse como prueba permitida.

Bajo esta clasificación de Derecho colombiano podría analizarse la confesión voluntaria prevista en el ordenamiento jurídico español. La sentencia STC 161/1999 del 27 de septiembre es la que desarrolla la teoría de la confesión voluntaria. Allí se resuelve un recurso de amparo interpuesto contra una sentencia de casación del Tribunal Supremo. En esa condena se tuvo como hecho probado que se practicó la entrada y registro a un lugar con autorización judicial, en el marco de un delito contra la salud pública. En este registro se encontraron sustancias psicotrópicas las cuales eran donadas, vendidas o cambiadas a terceros. Como la motivación de la autorización judicial para la entrada y el registro fue insuficiente, el recurrente alegó la invalidez de toda prueba obtenida de este registro y allanamiento.

Ahora bien, el inculpado reconoció expresamente (de manera libre y voluntaria) la tenencia de la droga, y la cantidad poseída llevaba a concluir que no se trataba de una dosis personal sino que estaba destinada al tráfico de estupefacientes. Por lo anterior, se analizó el valor probatorio que debe dársele a la confesión, independiente de la legalidad o ilegalidad del registro, y el Tribunal determinó que la confesión fue voluntaria y no debía permearse de la ilicitud de la entrada y el registro.

4.2. Fuente independiente

Esta teoría, al igual que la anterior, se trató en la sentencia *Nardone*, pero tiene como sentencia hito el caso *Bynum vs. Estados Unidos* (1960), en el que se captura de manera ilegal a una persona y se le hace una toma decadactilar, muestra que se coteja con las huellas encontradas en el lugar del delito. A pesar de que las huellas coincidían, al haberla detenido de manera ilegal las imprentas decadactilares no podían considerarse conforme a derecho. Con posterioridad a lo ocurrido la policía solicitó una prueba de cotejo entre las huellas del lugar de los hechos y unas tomadas al señor Bynum de manera legal en eventos anteriores que se conservaban en los archivos de los órganos de investigación norteamericanos. El Tribunal Supremo estadounidense concluyó que la prueba era independiente del arresto y por tanto no se permeaba de ilicitud.

Señalado lo anterior, es preciso anotar que hay autores que consideran que la figura de la fuente independiente no debe ser tratada en el apartado de los frutos del árbol ponzoñoso[62]. Si se circunscribe el estudio a la analogía del árbol envenenado, bajo esta excepción se está tomando un fruto de otro árbol, que puede estar sembrado cerca del

---

[62] Lizcano. Op. cit., p. 99 expresó al respecto: "Si bien esta teoría se incluye dentro de las eventualidades que matizan los efectos de la prueba ilícita, si se la mira con cuidado, no puede tenérsela como tal, puesto que existen nexos entre la prueba originaria y la derivada". Neyra comparte esta posición ya que en su concepto no existe un nexo de causalidad entre la obtención de la prueba lícita y la fuente donde se produjo una violación a derechos fundamentales; es más una delimitación a la regla de exclusión. Neyra. Op. cit., p. 676.

primero pero que, de ninguna forma, podría adquirir el carácter ponzoñoso de aquel.

Ahora bien, esta figura también ha sido tratada en los tribunales españoles bajo el nombre de la prueba jurídicamente independiente. En la STC 86/1995 del 6 de junio se resuelve el recurso de amparo interpuesto para buscar la anulación del fallo, alegando el desconocimiento de las sentencias analizadas por el Tribunal Constitucional atinentes a la presunción de inocencia, ya que la condena que se produjo por los delitos contra la salud pública se basó en pruebas obtenidas ilícitamente.

Se invocó que dado que la observación telefónica a la que hubo lugar se realizó sin autorización judicial esta era ilegal, que dicha ilicitud debía transmitirse al resto de pruebas que de ella se derivaban y, en consecuencia, estas no debían ser valoradas por el juez.

El Ministerio Fiscal, por su parte, consideró que el amparo debía desestimarse ya que la ilicitud probatoria derivada de la observación telefónica no trascendía el resto de elementos probatorios tenidos en cuenta por el juzgador al momento de la sentencia para establecer la culpabilidad de los implicados. El Tribunal consideró, entonces, que si son pruebas jurídicamente independientes no puede hablarse de ilicitud de la prueba.

4.3. Descubrimiento inevitable

Como se mencionó anteriormente, la teoría del descubrimiento inevitable surgió por vía jurisprudencial en el caso

Nix vs. Williams[63] (1984). En ese caso se interrogó al sospechoso de un crimen sin presencia de su abogado defensor, lo cual tornaba ilegal esa prueba. Aunque los agentes lograron que confesara el lugar donde había escondido el cadáver, en principio esta prueba sería ilícita también. El descubrimiento inevitable se daba porque de manera prácticamente simultánea, las autoridades habían recibido información legal en que se afirmaba que el sospechoso había dejado el cuerpo de la occisa (una niña) en el mismo lugar indicado por el sujeto en su confesión. Por esa información de terceros la policía había empezado a hacer una inspección a la zona, pero el dato detallado en la confesión le permitió llegar directamente al lugar donde hallaron el cuerpo de la menor. La Corte Suprema de Justicia de los Estados Unidos concluyó que existió un descubrimiento inevitable, pues aunque se decretara la ilicitud de la confesión, las autoridades con solo utilizar la técnica de "peinado" podrían recorrer toda la zona y encontrar, en algún momento y de manera inevitable, el sujeto pasivo de la conducta delictiva. Sería quizás más demorado, pero la información se obtuvo de manera legal y lícita.

En España existe una sentencia de importante estudio en los países de tradición jurídica romano germánica: la STC 974/1997 del 7 de julio (RA 6008), en donde el Tribunal español desestima un recurso de casación por infracción de ley contra una sentencia que condenó a una señora como autora de un delito contra la salud pública.

---

[63] Disponible en internet: <https://supreme.justia.com/cases/federal/us/467/431/>

Allí la recurrente alegó la vulneración de los derechos constitucionales al secreto de las comunicaciones, así como la vulneración a su derecho a la presunción de inocencia, argumentando que las pruebas de cargo que consideró el Tribunal para fallar en su contra no podían surtir efectos y ser apreciadas por el Tribunal por derivarse de una intervención telefónica que el Tribunal mismo ya había considerado nula por no poseer la debida y suficiente motivación en la resolución judicial que la permitió.

El Tribunal consideró que, a pesar de decretar la ilicitud, las pruebas de manera inevitable se habrían obtenido y se hubiera fallado de la misma forma.

4.4. Buena fe

No todos los autores expresan de igual manera la clasificación de las excepciones a la teoría de los frutos del árbol envenenado. Muchos reconocen únicamente válidas las tres mencionadas con anterioridad. La normativa colombiana, en concreto la Ley 906 de 2004 o Código de Procedimiento Penal, contempla de manera expresa las ya tratadas pero da la oportunidad de existencia a otras más, según se deduce del artículo 455 señalado en acápites anteriores.

Bajo este amparo normativo podría considerarse la buena fe como uno de "los demás que establezca la ley". El legislador, reconociendo la dinámica con la que cambia la realidad colombiana, con esta "cláusula" deja la puerta abierta para figuras interesantes que se verán en el siguiente apartado, tales como la conexión de antijuridicidad.

Retomando el tema de la buena fe, esta es tratada en la jurisprudencia norteamericana pero en la doctrina colombiana se debate si hace parte o no de las excepciones a la regla de exclusión. La realidad es que a pesar de que se instó al legislador a tipificar en el Código de Procedimiento Penal el "registro de buena fe" esto no se positivizó, por lo cual la buena fe no puede considerarse entre "los demás que establezca la ley".

A pesar de lo anterior es menester traerla a colación en este apartado. El caso *Estados Unidos vs. León*[64] de 1984 se basó en esta teoría. Allí los agentes policiales llevaron a cabo un registro con autorización de autoridad competente, pero esta resultó ilícita por carecer de la debida sustentación y motivación. A pesar de ello, se consideró que los policías habían actuado de buena fe porque su accionar estaba amparado en la autorización judicial.

En Colombia el miedo a esta figura se fundamenta en el debilitamiento de la buena fe en todos los aspectos jurídicos y extrajurídicos. Es tan alta la desconfianza que en ocasiones se habla de la "presunción de mala fe" o se supone que excepciones como la mencionada posibilitarían todo tipo de pruebas ilícitas, ya que muchos se ampararían en el argumento "actué creyendo que estaba amparado en la ley".

Lo anterior parece entrar en contradicción con lo consignado en la Carta Política, que en su artículo 83 señala que "Las actuaciones de los particulares y de las autoridades públicas deberán ceñirse a los postulados de

---

[64] Disponible en internet: <https://supreme.justia.com/cases/federal/us/468/897/case.html>

la buena fe, la cual se presumirá en todas las gestiones que aquellos adelanten ante éstas". Ahora bien, a pesar de la consagración expresa de la buena fe, el legislador prefirió no dar cabida a esta figura para evitar malinterpretaciones o deformaciones de dicha institución.

En España la sentencia hito en materia de la buena fe es la STC 22/2003 del 10 de febrero. En ella se resuelve un recurso de amparo contra el acto y la sentencia donde se condenó a una persona por el delito de amenazas y tenencia ilícita de armas de fuego.

La sentencia en mención analiza la actuación policial en el delito de amenazas de manera flagrante. Una mujer llama a la policía, los agentes acuden al domicilio y al entrar se encuentran con que esta estaba siendo amenazada con un arma de fuego. Los policías al llegar escuchan tanto las amenazas como, según las autoridades, disparos desde el interior de la morada.

En ese instante no se practicó el registro al domicilio, sino con posterioridad, es decir, cuando ya había cesado la flagrancia, puesto que el sujeto ya había sido capturado y trasladado a la estación de policía. Al realizar el registro se encontró el arma de fuego. Se somete a discusión si este registro domiciliario vulnera el derecho fundamental a la inviolabilidad del domicilio, ya que se considera que la autorización de la esposa (víctima de la amenaza) para ingresar a la vivienda no engloba autorización para registrar el lugar.

A pesar de que el hallazgo del arma de fuego proviene de un registro ilegal y, por ende, ese descubrimiento tampoco puede considerarse válido, el Tribunal Constitucional resolvió que los policías practicaron el registro de buena fe, creyendo que la autorización de la señora era para entrar al domicilio y practicar el registro.

4.5. Otras excepciones

Como se afirmó al explicar la buena fe, hay diversas clasificaciones según se estudie la figura y el ordenamiento jurídico desde donde se vea. En Colombia, como he manifestado anteriormente, solo estarán las excepciones del vínculo atenuado, el descubrimiento inevitable y la fuente independiente, a pesar del debate que hay en torno a esta última. No existe un rechazo a otras figuras porque se permite que la ley pueda regularlas con posterioridad. Señalé de manera independiente la buena fe porque considero importante recobrar la confianza en los otros y así permitir una excepción a la teoría del árbol envenenado.

Existirán otras que quizás no tienen la misma importancia que la buena fe pero deben ser nombradas en posteriores estudios. La doctrina extranjera así como la jurisprudencia norteamericana, peruana y española contemplan, por ejemplo, la prueba ilícita para terceros[65], el

---

[65] Esta teoría hace referencia a que si se llevó a cabo un allanamiento ilegal o cualquier tipo de vulneración, la ilicitud se predicará únicamente de quien ha sido víctima del atentado contra sus derechos. Se hace visible en el ordenamiento jurídico norteamericano en la sentencia *Janes vs. Estados Unidos* así como en la decisión del Pleno Jurisdiccional de Trujillo de 2004 en Perú, donde se establece "que las pruebas obtenidas directamente mediante la violación del derecho constitucional pueden ser admitidas y declaradas útiles para condenar a los imputados no afectados por la violación del derecho fundamental afectado y el sujeto que se condena". Neyra. Op. cit., p. 677.

error inocuo[66], la conexión de antijuridicidad, la ponderación de intereses[67], la excepción de tacha o destrucción de la mentira del imputado[68], la teoría del riesgo[69] y la prueba prohibida a favor del reo, entre otras.

---

[66] En palabras de Fidalgo: "cuando una prueba inadmisible no ha sido debidamente excluida en primera instancia y se ha dictado sentencia condenatoria, no procederá la anulación de la sentencia por esa causa cuando ese defecto sea considerado por el Tribunal de Apelación irrelevante para el resultado final del caso". Fidalgo. Op. cit., p. 458.

[67] Al respecto el Pleno Jurisdiccional de Trujillo de 2004 en Perú estableció: "Admitir la doctrina de la ponderación de intereses, entendiendo que un interés mayor prevalece sobre un interés menor. Y si bien, toda violación a derechos fundamentales, por si ya es grave y acarrea la ilicitud de la prueba, el asunto cambia si lo sometemos a la ponderación de intereses de mayor intensidad, como los que se valoran cuando de por medio están los bienes jurídicos concurrentes en la criminalidad organizada o en delitos de estructura compleja". Disponible en internet: <http://historico.pj.gob.pe/CorteSuprema/cij/documentos/Pleno_Nacional_Penal_2004.pdf>

[68] Según Fidalgo: "Nos referimos a la excepción de tacha (impeachment exception), según la cual la acusación puede aportar al juicio materiales probatorios inconstitucionalmente obtenidos, y por tanto inadmisibles para demostrar los cargos formulados contra el acusado, a los solos efectos de poner en duda la veracidad de las afirmaciones del acusado en su confesión en juicio, sea en respuestas a las preguntas de su abogado (direct examination) o a preguntas legítimas del prosecutor (cross examination), cuando de la disconformidad de la confesión con sus declarantes anteriores al juicio oral sea patente su intención de cometer perjurio para eludir la acción de la Justicia". Fidalgo. Op. cit., p. 452-453. En Colombia esto no podría tener asidero ya que la sentencia C-210 de 2007 expresó que ninguna prueba recolectada o recogida bajo allanamiento o registros ilegales podrá ser utilizada en el proceso, ni siquiera como mecanismo de impugnación o contradicción de la credibilidad de los testigos.

[69] Esta teoría hace alusión a la ingenuidad o presunción de buena fe de mantener una conversación únicamente entre los interlocutores válidos, esto es, que ningún otro sujeto conocerá de la misma. Esta confianza se verá violentada por uno de los que hizo parte de la conversación, quien tuvo directamente contacto con la misma y que pudo haberla grabado sin permiso del

De las mencionadas puede rescatarse la conexión de antijuridicidad, la cual se desarrolló en España en la sentencia STC 81/1998 del 2 de abril. Allí se presentó ante el Tribunal Constitucional un recurso de amparo en donde el recurrente, condenado por un delito contra la salud pública, alegó que se le vulneraba el derecho a un proceso con todas las garantías, ya que fruto de unas diligencias policiales de investigación que derivaron en una intervención a su teléfono (intervención autorizada judicialmente), se permitió la detención al tiempo que arrojaba dos paquetes que contenían droga destinada a la distribución o venta a terceras personas. El sujeto fundamenta la vulneración en que su condena no tiene sustento por basarse en pruebas ilícitas que violaron su derecho al secreto de las comunicaciones.

La condena se falló teniendo en cuenta las pruebas testimoniales tanto de los cuatro guardias civiles que lo aprehendieron como de la droga que fue recolectada por ellos al momento de la captura. El recurrente alega que no hay "prueba independiente", ya que de las conversaciones que él tuvo y que fueron interceptadas legalmente ninguna daba para que fuera detenido por la posesión de droga.

El Tribunal analizó si existía o no una conexión entre la intervención telefónica ilegal, las declaraciones de los guardias civiles y la aprehensión de la droga. El Tribunal

otro participante. En palabras de Neyra, trayendo a colación el caso Hoffa *vs.* Estados Unidos se diferencia "entre los actos de una persona que se realizan en la seguridad constitucionalmente protegida contra intrusiones deseadas en el ámbito del domicilio, de los realizados voluntariamente ante terceros en la errónea confianza que estos no revelarán su delito". NEYRA. Op. cit., p. 682.

concluyó que los datos obtenidos de manera ilícita eran totalmente irrelevantes y que la condena se fundamentó única y exclusivamente en las declaraciones de los guardias, por lo cual es legal y lícita, desarrollando así la teoría de la conexión de la antijuridicidad[70].

---

[70] Martínez García hace un análisis y cita como continuación de ésta la sentencia STC 171 de 1999: "En efecto, no cabe duda de que, respecto de la conexión natural, entre la intervención telefónica y los sucesos posteriores a aquélla el nexo reside en el hecho de que a raíz de los datos que esta aporta, la fuerza policial decide genéricamente el seguimiento y vigilancia de don Italo Nelli y el coimputado don Piero Solaroli, siendo este seguimiento el que permitió observar a los policías el incidente del día 29 de enero, motivo directo de la detención. De forma que, dadas las circunstancias del caso, la observación y seguimiento de que el recurrente era objeto, y en virtud de la relevancia de los datos obtenidos a través de la intervención telefónica, no puede entenderse irrazonable la conclusión de que el conocimiento derivado de la intervención telefónica no fue indispensable ni determinante por sí solo de la ocupación de la droga. En un supuesto que guarda evidente semejanza con el aquí enjuiciado, este Tribunal admitió la razonabilidad del juicio de experiencia que llevó al Tribunal Supremo a admitir la pertinencia de la referida prueba derivada (STC 81/1998). De otra parte, resulta palmario que tampoco las necesidades de tutela del derecho al secreto de las comunicaciones obligan a declarar la prohibición de valoración de las pruebas reflejas, pues, de un lado, ha de excluirse tanto la intencionalidad como la negligencia grave en la actuación pública en la intervención telefónica, por lo que debemos situarnos en el ámbito del error, "frente al que las necesidades de disuasión no pueden reputarse indispensables desde la perspectiva de la tutela del derecho fundamental al secreto de las comunicaciones". Y, de otro, tampoco la entidad objetiva de la vulneración cometida "hace pensar que la exclusión de conocimiento obtenido mediante la intervención de las comunicaciones resulte necesaria para la efectividad del derecho", pues se trata de una injerencia llevada a cabo con una autorización judicial insuficientemente motivada, pero no carente de todo punto de ella. Por tanto, al igual que se declaró en la STC 81/1998 (fundamento jurídico 6) "en este caso, la necesidad de tutela inherente al derecho al secreto de las comunicaciones quedó satisfecha con la prohibición de valoración de la prueba directamente constitutiva de lesión". Finalmente, debe advertirse que de la simple lectura de las Sentencias recurridas se deduce sin dificultad que, dada

La eficacia refleja es otra de las clasificaciones no utilizadas en Colombia, que tiene asidero jurisprudencial en España, concretamente en la sentencia STC 85/1994 del 14 de marzo, en la cual se pretende cuestionar la validez de una intervención telefónica ordenada por un juzgado de instrucción, que tuvo como consecuencia la detención de los recurrentes y su posterior condena.

Por parte de los involucrados se alega la vulneración al derecho al secreto de las comunicaciones, ya que se autorizó una intervención telefónica y se hicieron solicitudes de prórroga pero ninguna de esas solicitudes tuvo respuesta del órgano jurisdiccional, por lo que las comunicaciones interceptadas dentro del período prorrogado sin autorización expresa no se pueden considerar cubiertas por la primera autorización, produciéndose así su ilicitud. Estas interceptaciones en el período no autorizado fueron las pruebas de cargo utilizadas por el Tribunal para fallar en contra de los recurrentes.

El Tribunal Constitucional acogió los argumentos expuestos y dictaminó: i) que como consecuencia de la

---

la declarada irrelevancia de los datos obtenidos mediante las intervenciones telefónicas, la condena en realidad se sustentó exclusivamente en los resultados obtenidos de las declaraciones de los policías que ejecutaron el seguimiento de los encausados y los registros domiciliarios, y esta prueba, que sustenta la condena, no incurre en ninguna prohibición de valoración desde la perspectiva constitucional. Por consiguiente, desde nuestro limitado control constitucional puede advertirse que existió prueba de cargo, legítimamente obtenida, de la que se deriva razonablemente la existencia de los hechos probados y la condena del demandante de amparo por el tipo agravado de tráfico de estupefacientes". MARTÍNEZ GARCÍA, Elena. Eficacia de la prueba ilícita en el proceso penal (a la luz de la STC 81 /98 de abril 2). Valencia: Tirant lo Blanch, Universitat de Valencia, 2003. p. 183-184.

forma en que se produjo la intervención telefónica, esta debía considerarse ilegítima; ii) que como los indicios tenidos en cuenta por el Tribunal para condenar a los implicados derivaban directamente del resultado de la intervención telefónica ilegal, estos no podían ser valorados porque también estaban permeados de ilicitud; y iii) que en consecuencia las sentencias condenatorias se anulaban.

Similar a esta figura es el hallazgo casual estudiado por el Tribunal español en la STC 1313/2000 del 21 de julio (RA 6772). Allí se resuelve un caso donde se alega vulneración al secreto de las comunicaciones (art. 18.3 CE), ya que al momento de la condena por delito contra la salud pública el Tribunal basó su decisión en la prueba obtenida mediante una interceptación telefónica cuya autorización judicial se encontraba motivada de manera insuficiente, al igual que las cinco prórrogas que se autorizaron.

En consecuencia de lo mencionado, el Tribunal Supremo desarrolla el hallazgo causal afirmando que la prueba independiente se descubre de manera fortuita o casual, producto de una intervención telefónica realizada en otras diligencias previas que se habían declarado secretas.

5. Casos emblemáticos en Colombia

En Colombia han ocurrido varios casos de gran connotación nacional donde los postulados de estudio de la regla de exclusión así como los de la prueba ilícita han cobrado vigencia. En este apartado se expondrán dos de especial resonancia nacional e internacional y lo que los jueces y tribunales han fallado al respecto.

5.1. El escándalo del miti-miti: grabaciones ilícitas a comunicaciones de ministros de Estado

El llamado escándalo del miti-miti se produjo durante la presidencia de Ernesto Samper Pizano (1994-1998), concretamente en julio de 1997 en medio del Proceso 8000, juicio donde se investigó a congresistas, ministros y hasta al presidente de la República por recibir dineros provenientes del narcotráfico para financiar la campaña del Primer Mandatario colombiano.

El escándalo se refiere exactamente a una conversación telefónica sostenida entre el ministro de Energía (Rodrigo Villamizar) y el ministro de Comunicaciones (Saulo Arboleda), a través de teléfonos de dependencias oficiales, que fue interceptada de manera ilegal (chuzada), en la que acuerdan la adjudicación de una emisora de radio cuyos beneficios económicos se dividirían por mitad, mitad para los periodistas y mitad para los "amigos del presidente", de allí su nombre miti-miti.

Esta grabación fue difundida por un medio de comunicación y conllevó la renuncia de los dos ministros y la apertura de diversas investigaciones. Las preguntas que cabe formular son: ¿Existe ilicitud en esta prueba? ¿La investigación derivada de la grabación divulgada conlleva la ilicitud de todo lo actuado en el proceso penal?

Para responder estos interrogantes debe recordarse qué ocurrió con este caso. Después de divulgada la grabación la Fiscalía abrió investigación contra los ministros, porque según la ley procesal que regía en el momento estos, por su rango, debían ser investigados por el Fiscal General de la Nación, quien determinó su detención por el delito de interés ilícito en celebración de contratos, a título de determinador y determinado (autor directo).

Pero antes de dar el fallo, la Corte Suprema de Justicia consideró que Villamizar no tenía fuero porque al momento en que realizó la llamada no actuó como ministro, por lo cual fue un juez de circuito quien conoció de su caso. El ministro Arboleda sí continuaba con su fuero.

En el año 2000 Arboleda fue condenado y puesto preso, mientras que Villamizar, quien fue dejado en libertad por el juez de conocimiento del circuito que conoció su caso, se encontraba fuera del país y actuaba a través de su abogado de confianza. En el año 2001 Villamizar fue condenado en primera instancia, y en segunda instancia el Tribunal le rebajó la condena. Arboleda, al no tener segunda instancia, optó por la acción de tutela (similar al recurso de amparo español) argumentando que en el proceso se tuvo en cuenta una grabación ilícita. La tutela le fue negada en dos ocasiones (primera y segunda instancia) pero fue llevada a la Corte Constitucional quien decidió revisarla y emitir la sentencia SU-159 de 2002[71] dando respuesta a este caso.

En la sentencia mencionada, la Corte analiza si hubo o no una violación al debido proceso al haber proferido tanto la resolución de acusación como el fallo condenatorio de un proceso penal a partir de una noticia periodística que divulgó una grabación ilícitamente obtenida por personas desconocidas.

La Corte Constitucional, en primer lugar, señaló qué es la regla de exclusión en Colombia y cuáles son sus elementos[72]; a continuación, teniendo claro cómo debe

---

[71] Corte Constitucional. Sentencia SU-159 de 2002. Magistrado ponente: Manuel José Cepeda.

[72] "El artículo 29, inciso final, de la Carta consagra expresamente una regla de exclusión de las pruebas practicadas con violación del debido proceso. Así lo señala en su inciso final cuando afirma que "es nula, de pleno derecho, la prueba obtenida con violación del debido proceso". El aparte citado establece el remedio constitucional para evitar que los derechos de quienes participan en actuaciones judiciales o administrativas, sean afectados por la admisión de pruebas practicadas de manera contraria al debido proceso. Dada la potestad de configuración de la cual goza el legislador para desarrollar esa regla general, este puede determinar las condiciones y requisitos bajo los cuales pueden ser válidamente obtenidas las distintas pruebas. El desarrollo legal, por ahora parcial, de esta regla se encuentra principalmente en los códigos de procedimiento penal y civil, en especial en las normas que regulan las nulidades procesales y la obtención de pruebas. Esta regla constitucional contiene dos elementos: las fuentes de exclusión. El artículo 29 señala de manera general que la prueba obtenida con violación del debido proceso es nula de pleno derecho. Esta disposición ha sido desarrollada por el legislador penal para indicar dos grandes fuentes jurídicas de exclusión de las pruebas: la prueba inconstitucional y la

aplicarse la regla de exclusión, indicó cuáles son las condiciones de aplicación de la regla de exclusión constitucional de pruebas[73].

---

prueba ilícita. La primera se refiere a la que ha sido obtenida violando derechos fundamentales y la segunda guarda relación con la adoptada mediante actuaciones ilícitas que representan una violación de las garantías del investigado, acusado o juzgado. En cuanto al debido proceso, el legislador ha consagrado condiciones particulares para la práctica de pruebas y requisitos sustanciales específicos para cada tipo de prueba, cuyo cumplimiento debe ser examinado por el funcionario judicial al momento de evaluar si una determinada prueba es o no ilícita. La sanción. Según la norma constitucional citada, la prueba obtenida de esa manera es nula de pleno derecho. El desarrollo que el legislador penal le ha dado a dicha disposición ha sido el de señalar como consecuencias de la obtención de pruebas contrarias al debido proceso o violatorias de los derechos fundamentales, el rechazo de la prueba (artículo 250, Decreto 2700 de 1991) y su exclusión del acervo probatorio por invalidez (artículos 304 y 308, Decreto 2700 de 1991). Uno de los mecanismos de exclusión es el previsto en el artículo 250, Decreto 2700 de 1991, que establece que el funcionario judicial "rechazará mediante providencia las legalmente prohibidas o ineficaces". En este sentido también son pertinentes los artículos 161, 246, 247, 254, y 441 del Decreto 2700 de 1991. En todo caso, lo fundamental es que la prueba no puede ser valorada ni usada cuando se adoptan decisiones encaminadas a demostrar la responsabilidad. A la cuestión de sí la nulidad de la prueba obtenida con violación del debido proceso afecta o no el proceso, no se puede responder en abstracto. El criterio fijado por la Corte es que la nulidad solo afecta la prueba, salvo que no existan, dentro del proceso, otras pruebas válidas y determinantes con base en las cuales sea posible dictar sentencia, caso en el cual habría que concluir que la sentencia se fundó solamente, o principalmente, en la prueba que ha debido ser excluida".

[73] "En primer lugar, es importante examinar si se trata de una irregularidad menor que no afecta el debido proceso. En ese evento la prueba no tiene que ser obligatoriamente excluida. En segundo lugar, es necesario considerar el alcance del concepto de debido proceso al cual alude la norma constitucional, esto es, si se refiere exclusivamente a las reglas procesales o si también incluye las que regulan la limitación de cualquier derecho fundamental, como la intimidad, el secreto profesional y la libertad de conciencia. En Colombia, se ha dicho que el concepto de debido proceso es sustancial, esto es, comprende las formalidades y etapas que garantizan la efectividad de los derechos de las personas y

Los magistrados, poniendo de presente tanto la definición como los elementos de la regla de exclusión, entraron a revisar si era posible considerar la nulidad del proceso o si, por el contrario, no existía nulidad en el caso del miti-miti. El alto Tribunal formuló el problema jurídico y dio respuesta[74], concluyendo que no se

---

las protegen de la arbitrariedad de las autoridades, tanto en el desarrollo de un proceso judicial o administrativo como, además, frente a cualquier actuación que implique la afectación de derechos constitucionales fundamentales. En tercer lugar, es necesario tener en cuenta que el derecho penal en un Estado social de derecho, también busca un adecuado funcionamiento de la justicia y, obviamente, no funciona bien la justicia que conduce a la impunidad o a un fallo arbitrario, es decir, que carece de la virtud de garantizar efectivamente los derechos, principios y fines constitucionales desarrollados por la legislación penal. Por ello, la decisión de excluir una prueba incide no solo en el respeto a las garantías de imparcialidad, debido proceso y derecho de defensa, sino, además, en el goce efectivo de otros derechos constitucionales tales como la vida, la integridad y la libertad, protegidos por el legislador mediante la sanción de quienes violen el Código Penal. En cuarto lugar, el mandato constitucional de exclusión de las pruebas obtenidas con violación del debido proceso exige que el funcionario judicial de manera expresa determine que la prueba viciada no puede continuar formando parte del expediente".

[74] "*¿Violan el derecho al debido proceso una resolución de acusación y una sentencia penal dictadas dentro de un proceso que se inició a partir de una noticia que divulgó una grabación ilícitamente obtenida por personas desconocidas? No. La Corte constata que la grabación no fue el fundamento de la resolución de acusación de la Fiscalía y que la Sala Penal de la Corte Suprema de Justicia en la sentencia cuestionada sostuvo que la grabación era ilícita y no podía ser valorada como prueba. Así, la Sala Penal aplicó correctamente la regla de exclusión de la grabación telefónica obtenida con violación del debido proceso*". Al no ser el fundamento para iniciar el proceso ni ser determinantes para dictar la resolución de acusación y mucho menos para el fallo condenatorio, no puede decretarse la nulidad de todo lo actuado en la investigación y el juzgamiento penal. Por ello, el Alto Tribunal afirma que: "Para que la no exclusión de pruebas ilícitas configure una vía de hecho por defecto fáctico que dé lugar a la anulación de una sentencia se requiere que estas tengan tal grado de trascendencia que hayan sido determinantes para fundar la acusación y la

violó derecho fundamental alguno al ex ministro; que se respetó tanto lo dictaminado por el derecho probatorio, el derecho procesal y el derecho constitucional; que se excluyeron como pruebas la interceptación y grabación ilícitas de la conversación; y que no se tuvieron en cuenta dichas pruebas para el actuar del ente instructor ni para las instancias judiciales que resolvieron de fondo el caso ni para los jueces de tutela.

Ahora bien, resaltando lo anterior y siendo un importante antecedente para el siguiente caso a analizar, quiero recalcar por último lo afirmado en la sentencia con respecto a la interceptación de comunicaciones y el derecho a la intimidad[75]: toda comunicación hace parte de la esfera privada

---

condena. En este caso, dichas pruebas no solo no fueron determinantes sino que obran en el expediente otras pruebas valoradas por la Sala Penal y cuya suficiencia para fundar la sentencia condenatoria no ha sido ni cuestionada ni desvirtuada. Esta Corte también analizó si todas las pruebas del acervo, sin nexo alguno con la grabación ilícita, no podían ser valoradas por la Sala Penal en conjunto con aquellas pruebas que —en gracia de discusión— podrían ser consideradas ilícitas por ser derivadas de dicha grabación. Es preciso responder el siguiente interrogante: ¿La no exclusión de unas pruebas, en gracia de discusión, ilícitas derivadas que forman parte del acervo probatorio conformado por muchas otras pruebas válidas y pertinentes hace que la sentencia sea nula? No. Esta Corte subraya que el artículo 29 inciso último de la Constitución claramente sanciona de nulidad únicamente a la prueba obtenida ilícitamente, no a todas las pruebas del acervo probatorio dentro del cual esta se encuentre ni a la resolución de acusación y a la sentencia basadas en dicho acervo conformado por numerosas pruebas válidas e independientes en sí mismas determinantes".

[75] "En cuanto a la protección de las comunicaciones privadas contra interceptaciones arbitrarias, esta Corporación ha reiterado que el derecho a la intimidad garantiza a los asociados una esfera o espacio de su vida privada, inmune a la interferencia arbitraria de otros, en especial si la interceptación es realizada por agentes del Estado, pero también cuando esa interferencia es realizada por personas privadas, como cuando, por ejemplo, se divulgan a

de la persona y no debe permitirse interferencia arbitraria, en cuanto a las personas públicas o cuestiones de importancia de la ciudadanía prima el derecho a la información sobre el derecho a la intimidad pero lo anterior no elimina la ilicitud de la prueba, y el Estado solo puede quebrantar la intimidad cuando se ha solicitado la intervención telefónica y un juez constitucional luego de evaluar la situación lo permite.

Tomando postura en este caso, considero que tanto la Corte Suprema de Justicia como la Corte Constitucional fallaron acorde con lo estipulado en la legislación nacional y los estándares internacionales respecto a la prueba ilícita

---

través de los medios de comunicación situaciones o circunstancias que sean de exclusivo interés de la persona o sus allegados. Esa doctrina constitucional también ha reconocido que el derecho a la intimidad no es absoluto y ha señalado, por ejemplo, que cuando se trata de personas y hechos de importancia pública, el derecho a la información prevalece prima facie sobre el derecho a la intimidad. En este caso, varias son las particularidades de la grabación telefónica que hubieran podido ser analizadas. Por ejemplo, se trataba de la grabación de conversaciones de dos funcionarios públicos, uno de ellos en ejercicio de sus funciones, usando los servicios del ministerio, a través de un teléfono no propio sino oficial, en relación con un asunto de interés público —una licitación—, sin que exista certeza de que la interceptación haya sido realizada por agentes del Estado. ¿Significa eso que no estaba amparada la conversación por el derecho a la intimidad? La Corte no entra a examinar este punto. Le basta con que la Fiscalía General y la Corte Suprema de Justicia, en ejercicio de su autonomía judicial, hayan considerado que sí lo estaba y que debía excluirse dicha prueba por haber sido obtenida con violación de este derecho fundamental. Dentro del respeto al margen de apreciación de que goza el juez, tal decisión es compatible con el debido proceso, por lo que esta Corte no encuentra cuestionable tal determinación sino, por el contrario, plenamente compatible con la Constitución. Para esta Corte es claro que la apreciación de las pruebas que efectuó la Corte Suprema de Justicia se fundó en un análisis objetivo, racional y riguroso de las mismas en el que se omitió la valoración de la prueba ilícitamente obtenida y se estudió el resto del material probatorio recaudado, el cual se estimó suficiente por sí mismo para proferir la decisión condenatoria".

y a la regla de exclusión. La grabación de la conversación fue flagrantemente violatoria de los derechos fundamentales de quienes mantenían el diálogo y por ello debían ser excluidas, así como toda prueba derivada de esta. Ahora bien, si el proceso y el fallo se surtieron con otras pruebas que no provenían de las conversaciones ilícitamente interceptadas y divulgadas no habría porqué declarar la nulidad del proceso.

Debe entenderse que se excluye la grabación por considerarla ilícita, pero las declaraciones a los medios de comunicación y los comunicados de los ministros respecto a los hechos sí se tienen en cuenta para condenarlos, porque provienen de una fuente independiente, porque corresponden a un acto de voluntad libre y porque en estricto sentido no hay árbol envenenado y no se justifica excluirlas.

5.2. Alfonso Plazas Vega: Interceptación ilícita de comunicaciones a miembros de la fuerza pública por parte de radioaficionados

Corría el año de 1985. La presidencia de Belisario Betancur Cuartas planteó una diferencia con su antecesor: mientras el presidente Turbay Ayala había atacado frontal y militarmente a los grupos armados ilegales Betancur consideraba que ese no era el camino. El narcotráfico ya ocupaba algunas curules en el Congreso, financiaba políticos, corrompía miembros de la Policía y del Ejército, había acabado con la vida de referentes nacionales que luchaban contra la corrupción, entre ellos, el ministro de justicia

Rodrigo Lara Bonilla y se vivía una oleada de terrorismo en las calles de todas las ciudades y pueblos de Colombia.

El 6 de noviembre del año en mención se produjo la toma del Palacio de Justicia por parte del grupo armado M-19. Sus integrantes ingresan con armamento y toman como rehenes a varios magistrados de las altas Cortes. El coronel Alfonso Plazas Vega coordinó durante el día en cuestión y el siguiente la operación de retoma del Palacio de Justicia, operación que implicó entrar a "sangre y fuego" al edificio utilizando tanques de guerra. El resultado: el fin de la zozobra, la pérdida de vida de varios de los magistrados y una serie de personas desaparecidas.

Años después el coronel Plazas Vega fue investigado en primera instancia por la desaparición de once personas y declarado culpable en virtud de la sentencia del 9 de junio de 2010 (radicado n.° 1100113207003-2008-00025-00) del Juzgado Tercero Penal del Circuito Especializado de Bogotá. La decisión fue apelada por la defensa del coronel Plazas Vega y confirmada por el Tribunal Superior del Distrito Judicial de Bogotá que lo encontró responsable del desaparecimiento de solo dos personas (sentencia del 30 de enero de 2012, radicado n.° 110010704003-2008-00025-09).

El caso del coronel (r) Alfonso Plazas Vega ha generado un intenso debate en varios asuntos objeto de estudio del derecho penal. Para el tema que nos ocupa son importantes única y exclusivamente las grabaciones que sirvieron como prueba para fallar en su contra en ambas instancias.

Radioaficionados, ciudadanos civiles que no hacían parte del combate y que el día de los hechos dedicaban su tiempo libre a comunicarse por aparatos de radiodifusión, lograron interceptar comunicaciones de la Brigada XIII tanto en frecuencias abiertas como en frecuencias privadas de uso exclusivo de las fuerzas militares colombianas. De las comunicaciones interceptadas se colige que el coronel Plazas Vega dio instrucciones en el sentido de "fumigar" a los rebeldes o cuestiones de alto calibre tales como "esperemos que si está la manga no aparezca el chaleco". Estas conversaciones permitieron demostrar el vínculo de Plazas Vega con las desapariciones y sirvieron como estandarte para desarrollar la teoría de la autoría mediata en aparatos organizados de poder.

El Tribunal de Bogotá encontró la prueba válida y afirmó que fue aportada legalmente, y que este tipo de grabaciones al entrar en colisión con el derecho a la intimidad generan un nuevo tratamiento para la obtención del documento, porque:

> Si bien es cierto que los agentes estatales en el ejercicio de sus funciones tienen derecho a la intimidad, y con ello al secreto de las comunicaciones, de modo que no es lícito que se les intercepte cuando cumplen sus funciones constitucionales y legales, si un servidor público desborda el marco legal y utiliza medios institucionales para la comisión de delitos de lesa humanidad, y, por ejemplo, si sus conversaciones son escuchadas o grabadas por cualquier persona y esta las aporta a un proceso, las acciones del buen ciudadano no pueden ser objeto de

> persecución penal y el documento (la grabación) podrá ser valorado probatoriamente dentro la respectiva actuación.
>
> Esto es así porque cuando un agente estatal utiliza las herramientas que le ha entregado el Estado para el cumplimiento de sus actividades, tiene la obligación de darles un fin lícito y no podrá ampararse en que su derecho a la intimidad se vulnera cuando utiliza los medios estatales con el propósito de cometer delitos de lesa humanidad[76].

En virtud de lo anterior, utilizando estas interceptaciones obtenidas sin autorización judicial el coronel (retirado) Alfonso Plazas Vega fue condenado a treinta años de prisión. El Tribunal consideró que no debe existir expectativa del derecho a la intimidad cuando agentes del Estado actúan por fuera de sus funciones manteniendo conversaciones ilícitas a través de instrumentos tecnológicos de propiedad del Estado diseñados para actuar bajo la legalidad.

Ahora bien, es menester señalar que la sentencia n.° 38957 del 16 diciembre de 2015 de la Corte Suprema de Justicia absolvió al coronel (retirado) Plazas Vega por la desaparición de las dos personas, pero por razones ajenas al tema de la licitud o ilicitud de las grabaciones de las conversaciones interceptadas.

---

[76] Tribunal Superior De Bogotá. Sentencia del 30 de enero de 2012. Rad. 110010704003 — 2008 — 00025 — 09.

Con respecto al tema de las grabaciones manifestó[77]

[77] "3.2.9. La interceptación de las comunicaciones de los militares en este asunto, fue adelantada por particulares sin autorización alguna y fines judiciales; obedeció a otras razones: la facilidad de ubicar la frecuencia, la curiosidad de los oyentes y al propósito de informar con antelación a los demás medios de comunicación aquello que sucedía o iba a suceder en el desarrollo de la operación militar de rescate del Palacio de Justicia. / 3.2.10. Así, resulta equivocada la cita jurisprudencial en la cual se respalda su licitud, porque en la decisión de única instancia de julio 10 de 2007 radicación 26118, la Sala considera actividad lícita de la inteligencia estatal la captación de señales incidentales reveladoras de riesgos para la seguridad ciudadana, siempre que el rastreo del espectro electromagnético además de indeterminado persiga evitar atentados contra la población y de inmediato se corra traslado de ellas a la autoridad judicial cuando muestren la comisión de un delito. / 3.2.11 Sin embargo, se hace preciso tener en cuenta las circunstancias especiales que avalan su legalidad. La frecuencia utilizada por los radios militares de la época, además de no estar codificada, permitía su captación sin dificultad alguna por cualquier clase de receptor, en razón a que operaba por una <frecuencia comercial> como lo explicara el radioaficionado Pablo Montana. Esta es la razón por la cual otro de ellos, Mike Forero Nougués, también captara las comunicaciones de los militares, y algunos integrantes del departamento técnico de la emisora Todelar de Bogotá igualmente lo hicieran. / 3.2.12 Desde esta óptica, habría una renuncia a esa zona o esfera personalísima del individuo protegida por la ley, en cuanto los militares que hablaban por ese medio lo hacían sin prevención por la reserva de su conversación, al utilizar otros canales o líneas distintas a las oídas por los particulares cuando consideraban necesario hacerlo, por lo cual no existía una <expectativa razonable de intimidad> que ameritara protección legal. De ese modo permitieron que trascendiera a la opinión publica el contenido de sus conversaciones, su interés en el momento en que se encontraban no era el de preservar su intimidad, sino de llevar adelante una operación militar que de modo alguno comprometía datos o situaciones de la persona. / 3.2.13 Las especiales circunstancias que abarcaron los acontecimientos del Palacio de Justicia, imponen un juicio positivo de legalidad de la captación y grabación de las conversaciones de los militares, adicionalmente porque el monitoreo de la frecuencia fue hecho mediante un rastreo aleatorio e indiscriminado del espectro, en el que las frecuencias comerciales resultaban entremezcladas con las usadas por los militares, al extremo que era posible oír las de tránsito, bomberos, almacenes y de la Policía Nacional, según lo informado por los testigos. / 3.2.14 No comparte la Sala la tesis del Tribunal, según la cual justifica la interceptación de la

el citado Tribunal que las interceptaciones se dieron por la facilidad de ubicar la frecuencia y por las ansias de las personas de saber qué ocurría con la toma del Palacio de Justicia; que se avalan las pruebas porque los radios utilizados en la época no eran codificados y, al utilizar la frecuencia comercial, cualquiera podía oírlos; y que si se utilizan aparatos que son de propiedad del Estado, cualquier conversación que implique algo contrario a los fines estatales puede ser intervenida.

Vistas las posturas del Tribunal y de la Corte Suprema debo afirmar que no comparto ninguna de las dos. La Corte Suprema de Justicia ataca el argumento "si se utilizan medios institucionales, no puede haber intimidad", cuestión reprochable ya que el espectro electromagnético es también propiedad del Estado, y una interpretación extensiva de la tesis del Tribunal generaría que cualquiera pueda interceptar conversaciones sin autorización. Como bien lo señala la Corte Suprema, la comisión de una conducta punible no conlleva una autorización para cometer otra conducta contraria a derecho por parte de los investigadores.

Ambos jueces consideran que son lícitas y legales la interceptación y la grabación en virtud de la frecuencia

---

comunicación del <servidor público [que] desborda el marco legal y utiliza medios institucionales para la comisión de delitos de lesa humanidad porque en este caso no tiene derecho a su intimidad ni al secreto, ya que ningún hecho punible por reprochable que sea autoriza la comisión autoriza la comisión de otro en su persecución y averiguación". Corte Suprema De Justicia. Sala de Casación Penal. Sentencia del 16 de diciembre de 2015. Radicado No. 38.957. Magistrado ponente: Luis Guillermo Salazar Otero.

utilizada por los militares, afirmación que rechazo haciendo una interpretación lógico-histórica: para el momento de los hechos el Estado colombiano solo poseía dos tipos de radiotransmisores, unos que no podían ser objeto de interceptaciones y otros que utilizaban la frecuencia comercial. Lo anterior se daba por los recursos que se tenían para este tipo de aparatos así como por el desarrollo tecnológico que existía tanto en el país como en el mundo. En consecuencia, no podía exigirse que si se quiere tener intimidad se deben utilizar frecuencias "privadas", porque no se poseían los artefactos necesarios para mantener las conversaciones en privado. No por utilizar un teléfono público la persona que llama espera que un tercero la escuche. Todo aquel que se comunica con alguien tiene una expectativa seria y latente de mantener su conversación entre los interlocutores válidos y de que nadie más la conocerá ni la escuchará.

Conclusiones

La búsqueda de la verdad en los procesos penales conlleva que las partes presenten sus teorías del caso y tengan la obligación y la necesidad de aportar una serie de elementos, medios y pruebas que sustenten su posición.

Para hacer valer una prueba en un juicio deben haberse respetado la ley y la Constitución. Según lo anterior, no cualquier "prueba" será permitida en el debate probatorio, a pesar de que esta sea determinante para fallar de uno u otro modo.

Existirán diversas pruebas no permitidas en el proceso penal. A pesar de no existir una tendencia doctrinal pacífica, se ha propuesto una clasificación en prueba prohibida, prueba ilegal, prueba irregular, prueba no valorable y prueba ilícita.

La prueba prohibida es aquella que directamente por ley no puede ser aportada para el caso. Por razones de orden público, de seguridad jurídica o de seguridad nacional el legislador la ha apartado del momento procesal decisorio. Hoy por hoy no se encuentra ejemplo de esta prueba en el ordenamiento colombiano.

Por su parte, la prueba ilegal es aquella que al momento de su obtención, de su recolección, mantenimiento y práctica ha quebrantado los reglamentos establecidos por la ley, esto es, quebrantado la ley sustantiva o la procesal.

En cuanto a la prueba irregular, esta es una tipología de la prueba ilegal y hace referencia a aquella prueba que al momento de ser obtenida violentó la ley procedimental.

La prueba no valorable es una clasificación propuesta para aquella prueba que al no encuadrar en los demás grupos, no puede ser tenida en cuenta por el juez al momento de fallar; lo anterior, porque al momento del análisis de pertinencia, conducencia o utilidad no cumple con alguno de los anteriores y por ende no ayuda a proferir una decisión de fondo.

En último lugar se encuentra la prueba ilícita, la cual es aquella que viola derechos fundamentales tales como la dignidad humana o la intimidad, siendo prohibida e inconstitucional. El juez de pleno derecho debe excluirla del proceso.

A pesar de encontrarse estas pruebas enmarcadas en el gran género de pruebas prohibidas, dicha clasificación no es precisa porque las pruebas irregulares e ilegales en ocasiones son tenidas en cuenta por el juez si no se alegó su ilegalidad. Tampoco es adecuado denominarlas pruebas no admisibles porque pudieron ser pruebas ilícitas o prohibidas que por ese mismo hecho no se llevaron a la discusión de admisibilidad ante el juez y no cabrían dentro de dicho nombre. El género propuesto entonces es el de pruebas no permitidas en el proceso penal, ya que ninguna de ellas es permitida bajo ordenamiento jurídico alguno.

Las consecuencias de este tipo de pruebas son diferentes, a saber: se tiene la inadmisión de la prueba cuando el juez se encuentra ante una prueba no valorable, debe rechazarla cuando es irregular o ilegal y debe excluirla del proceso cuando es prohibida o ilícita. Lo anterior, ya que cada consecuencia jurídica contrae implicaciones diferentes. La inadmisión expresa que la prueba en sí misma no viola la ley pero que no puede ser admitida porque no conlleva verificar ninguna teoría del caso. El rechazo comporta que la prueba no será retirada del proceso pero tampoco será tenida en cuenta por el juez en la sentencia, su sanción es mayor que la simple inadmisión, pero no tan grave como la exclusión. Esta última figura, la exclusión, implica que se deba retirar la prueba del proceso en su totalidad por quebrantar preceptos fundamentales y, dependiendo de la gravedad, puede generar la nulidad total del proceso.

La dignidad humana y la intimidad son dos derechos fundamentales protegidos por los diversos ordenamientos jurídicos tanto de raigambre romano-germánica como anglosajona. La dignidad humana hace referencia a la importancia del ser humano en sí mismo y su calidad de fin y no de medio, no es un instrumento ni debe ser utilizado. Por ello, ni siquiera el Estado puede hacerlo renunciar a su dignidad.

Por su parte, la intimidad, entendida como la expectativa de tener una vida privada que no sea conocida por el resto del conglomerado social, sí puede ser quebrantada de manera excepcionalísima y con autorización de un tercero que garantice la protección a ultranza de su derecho.

Cuando se produce una prueba ilícita esta debe ser excluida del proceso. En virtud de lo anterior nace la regla o cláusula de exclusión. Esta regla nace en el Reino Unido pero tiene un importante desarrollo jurisprudencial en Estados Unidos y en España.

El desarrollo de la regla de exclusión ha generado también la creación de la teoría del árbol envenenado o teoría del fruto del árbol ponzoñoso. Esta teoría lleva a afirmar que toda prueba derivada de una prueba ilícita se permea de ilicitud y debe también ser excluida del proceso. Lo anterior tiene una serie de excepciones tales como la fuente independiente, el vínculo atenuado, el descubrimiento inevitable, la buena fe, la conexión de antijuridicidad, la eficacia refleja o el hallazgo casual. Así como la clasificación de las pruebas no permitidas no es pacífica, la clasificación de las excepciones a la teoría del árbol ponzoñoso tampoco lo es ni su aplicación en los diferentes sistemas jurídicos. Por ello, en Colombia solo se aplican las tres primeras, mientras que Estados Unidos y España han perfeccionado y avanzado mucho más en estas singularidades.

En Colombia ha habido casos emblemáticos en los cuales se han utilizado la aplicación de la prueba ilícita y la regla de exclusión. Entre ellos están el caso del llamado "miti-miti" y la investigación por la retoma del Palacio de Justicia. En el primero se excluye de manera adecuada una prueba obtenida vulnerando la intimidad, mientras que en la segunda se matiza la teoría afirmando que no hay intimidad cuando no se utilizan los aparatos adecuados para garantizarla. Como puede notarse, no se trata de la simple aplicación de silogismos jurídicos o matemáticos donde el resultado siempre será el mismo. La Corte Suprema de Justicia ha variado su posición respecto de cada caso en concreto.

La regla de exclusión y las excepciones de la teoría del fruto del árbol ponzoñoso deberían tener en Colombia una mayor coherencia para garantizar una seguridad jurídica. También debería propenderse porque la jurisprudencia desarrolle las demás excepciones tratadas en otros ordenamientos. El legislador ofrece la posibilidad de que los altos tribunales den el primer paso.

Por último, debo recordar que lo importante de la prueba es demostrar la verdad, pero cada prueba debe llegar respetando los derechos y las garantías de los ciudadanos, solo así podrá conseguirse un juicio justo; además resaltar lo dicho por Ferrajoli: "la legitimación del juicio penal reside en las garantías de la comprobación imparcial de la verdad"[78].

---

[78] Ferrajoli, Luigi. Democracia y garantismo. Madrid: Editorial Trotta, 2008. p. 198.

Bibliografía

Arenas Echeverri, Nicolás Álvaro; Suaza Quintero, Sergio Alberto y Quintero Holguín, Aicardo Albeiro. La prueba ilícita y la regla de exclusión. Bogotá: Editorial Leyer, 2008.

Arenas Salazar, Jorge. Pruebas penales. Bogotá: Ediciones Doctrina y Ley, 1996.

Armenta Deu, Teresa. La prueba ilícita (un estudio comparado). Madrid: Editorial Marcial Pons, 2011.

Bedoya, Luis Fernando. La prueba en el proceso penal colombiano. Bogotá: Fiscalía General de la Nación, 2008.

Cabanellas, Guillermo. Diccionario enciclopédico de derecho usual. Buenos Aires: Editorial Heliasta, 1989.

Cardoso Isaza, Jorge. Pruebas judiciales. Bogotá: Editorial Temis, 1979.

Cuello Iriarte, Gustavo. Derecho probatorio y pruebas penales. Bogotá: Editorial Legis, 2010.

Devis Echanchía, Hernando. Principios fundamentales del derecho procesal penal. Bogotá: Pontificia Universidad Javeriana y Editorial Ibáñez, 2012.

Devis Echandia, Hernando. Compendio de pruebas judiciales. Bogotá: Editorial Temis, 1969.

Duarte Canaan, Pedro J. La prueba penal. Santo Domingo: Ediciones Jurídicas Trajano Potentini, 2008.

FERRAJOLI, Luigi., Democracia y Garantismo. Madrid: Editorial Trotta, 2008.

FIDALGO GALLARDO, Carlos. Las "pruebas ilegales": de la exclusionary rule estadounidense al artículo 11,1 LOPJ. Madrid: Centro de Estudios Políticos y Constitucionales, 2003.

FIERRO-MÉNDEZ, Heliodoro. La prueba ilícita e ilegal. Bogotá: Editorial Leyer, 2010.

FLORIAN, Eugenio. De las pruebas penales. Bogotá: Editorial Temis, 1995.

FLORIÁN, Eugenio. Elementos del derecho procesal penal. Barcelona: Bosch Casa Editorial, 1934.

GIMENO SENDRA, Vicente. Derecho Procesal Penal. Pamplona: Civitas y Thomson Reuters, 2012.

GUERRERO PERALTA, Óscar Julián. Fundamentos teórico constitucionales del nuevo proceso penal. Bogotá: Ediciones Nueva Jurídica, 2014.

HABERMAS, Jurgen. El concepto de dignidad humana y la utopía realista de los derechos humanos. Diánoia, vol. LV, n.° 64, 2010, p. 3-25.

KANT, Inmanuel. Fundamentación de la metafísica de las costumbres. Madrid: Santillana, 1996.

LEVENE, Ricardo. Manual de derecho procesal penal. Buenos Aires: Editorial Abeledo Perrot, 1953.

LIZCANO BEJARANO, Jesús Eduardo. La cláusula de exclusión. Bogotá: Ediciones Nueva Jurídica, 2015.

MARTÍNEZ GARCÍA, Elena. Eficacia de la prueba ilícita en el proceso penal (a la luz de la STC 81 /98 de 2 de abril). Valencia: Tirant lo Blanch, Universitat de Valencia, 2003.

Martínez Rave, Gilberto. Procedimiento penal colombiano. Bogotá: Editorial Temis, 2001.
Miranda Estrampés, Manuel. El concepto de prueba ilícita y su tratamiento en el proceso penal. México D. F.: Editorial Ubijus, 2013.
Morales Marín, Gustavo. Prueba penal y apreciación técnico científica. Bogotá: Grupo Editorial Ibáñez, 2001.
Moras Mon, Jorge R. Manual de derecho procesal penal. Buenos Aires: Abeledo Perrot, 1993.
Neyra Flores, José Antonio. Manual del nuevo proceso penal y de litigación penal. Lima: Idemsa, 2010.
Parra Quijano, Jairo. Manual de derecho probatorio. Bogotá: Librería Ediciones del Profesional Ltda., 2014.
Rodríguez, Orlando Alfonso. Prueba ilícita penal. Bogotá: Grupo Editorial Ibáñez, 2004.
Roxin, Claus. Derecho Procesal Penal. Buenos Aires: Editores del Puerto, 2000.
Urbano Martínez, José Joaquín. Hacia una nueva estructura probatoria del proceso penal, Bogotá: Ediciones Jurídicas Andrés Morales, 2008.

Jurisprudencia

Colombia

Corte Constitucional. Sentencia C-210 de 2007. Magistrado ponente: Marco Gerardo Monroy Cabra.
Corte Constitucional. Sentencia C-591 de 2005. Magistrada ponente: Clara Inés Vargas Hernández.
Corte Constitucional. Sentencia su-159 de 2002. Magistrado ponente: Manuel José Cepeda.

Corte Constitucional. Sentencia T-926 de 1999. Magistrado ponente: Carlos Gaviria Díaz.

Corte Suprema De Justicia. Sala de Casación Penal. Sentencia de 16 de diciembre de 2015. Radicado n.° 38.957. Magistrado ponente: Luis Guillermo Salazar Otero.

Corte Suprema De Justicia. Sala de Casación Penal. Sentencia de 2 de marzo de 2006. Magistrado ponente: Edgar Lombana Trujillo.

Juzgado Tercero Penal del Circuito Especializado de Bogotá. Sentencia de 9 de junio de 2010. Radicado n.° 1100113207003-2008-00025- 00.

Tribunal Superior de Bogotá. Sentencia de 30 de enero de 2012. Radicado n.°. 110010704003-2008-00025-09.

España

stc 22/2003

stc 1313/2000

stc 171/1999

stc 161/1999

stc 81/1998

stc 974/1997

stc 86/1995

stc 114/1984

Estados Unidos

Boyd *vs.* Estados Unidos

Bram *vs.* Estados Unidos

Bynum *vs.* Estados Unidos

Elkins *vs.* Estados Unidos

Escobedo *vs.* Illinois

Estados Unidos *vs.* León
Katz *vs.* Estados Unidos
Mapp *vs.* Ohio
Nardone *vs.* Estados Unidos
Nix *vs.* Williams
Olmstead *vs.* Estados Unidos
Weeks *vs.* Estados Unidos
Wong Sun *vs.* Estados Unidos

Perú
Pleno Jurisdiccional de Trujillo de 2004

Reino Unido
Entick *vs.* Carrington
Wilkes *vs.* Wood

Páginas web consultadas

http://historico.pj.gob.pe/CorteSuprema/cij/documentos/Pleno_Nacional_Penal_2004.pdf
http://lawweb.usc.edu/users/dklerman/secure/documents/wilkesvwoodlofft1.doc
http://www.constitution.org/trials/entick/entick_v_carrington.htm
http://www.corteconstitucional.gov.co
http://www.cortesuprema.gov.co
http://www.ohchr.org/SP/ProfessionalInterest/Pages/CCPR.aspx
http://www.un.org/es/documents/udhr/
https://supreme.justia.com

Este libro fue compuesto en caracteres Adobe Caslon Pro
11,5 puntos, impreso sobre papel propal de 70 gramos
y encuadernado con método *hot melt*, en junio de 2017, en
Bogotá, D. C., Colombia.
Xpress. Estudio Gráfico y Digital S.A.

Made in the USA
Monee, IL
05 November 2026

67383313R00059